新型智库建设与品牌影响力评估体系研究

刘 睿 尹莞婷 杨 威 等◎编著

Research on the Construction of New
Think Tanks and the Evaluation System of

BRAND
INFLUENCE

中国财经出版传媒集团

经济科学出版社
Economic Science Press

·北京·

图书在版编目（CIP）数据

新型智库建设与品牌影响力评估体系研究／刘睿，
尹莞婷，杨威等编著. -- 北京：经济科学出版社，
2024. 6. -- ISBN 978 - 7 - 5218 - 6056 - 6

Ⅰ. C932. 82

中国国家版本馆 CIP 数据核字第 2024E377U9 号

责任编辑：宋艳波
责任校对：蒋子明
责任印制：邱　天

新型智库建设与品牌影响力评估体系研究

XINXING ZHIKU JIANSHE YU PINPAI YINGXIANGLI PINGGU TIXI YANJIU

刘　睿　尹莞婷　杨　威　等编著

经济科学出版社出版、发行　新华书店经销

社址：北京市海淀区阜成路甲 28 号　邮编：100142

总编部电话：010 - 88191217　发行部电话：010 - 88191522

网址：www. esp. com. cn

电子邮箱：esp@ esp. com. cn

天猫网店：经济科学出版社旗舰店

网址：http://jjkxcbs. tmall. com

固安华明印业有限公司印装

710×1000　16 开　14. 25 印张　180000 字

2024 年 6 月第 1 版　2024 年 6 月第 1 次印刷

ISBN 978 - 7 - 5218 - 6056 - 6　定价：88. 00 元

（图书出现印装问题，本社负责调换。电话：010 - 88191545）

（版权所有　侵权必究　打击盗版　举报热线：010 - 88191661

QQ：2242791300　营销中心电话：010 - 88191537

电子邮箱：dbts@ esp. com. cn）

编　委　会

前　言

当今世界，智库发展水平是一个国家软实力和竞争力的重要标志，也是推动科学民主决策、推进国家治理体系和治理能力现代化的重要支撑。2012 年 11 月，党的十八大报告提出，"坚持科学决策、民主决策、依法决策，健全决策机制和程序，发挥思想库作用"，首次强调了思想库在现代决策咨询体系中的重要地位。2013 年 4 月，习近平总书记对建设中国特色智库作出重要批示，首次提出"建设中国特色新型智库"① 的目标任务，并指出智库作为国家软实力的重要组成部分，随着形势的发展，智库的作用会越来越大。

在国家系列政策的引领下，我国各类新型智库百舸争流、蓬勃发展。截至 2022 年 9 月，包括 29 家国家高端智库建设试点单位和 16 家培育单位在内的国家高端智库建设方阵逐步形成，决策影响力、社会影响力、国际影响力不断提升。2023 年 5 月，国务院国资委印发了《关于中央企业新型智库建设的意见》（以下简称《意见》）提出到 2025 年，重点建设 5～10 家具有重要决策影响力、社会影响力、国际影响力的中央企业新型智库。力争到 2035 年，全面建成中央企业新型智库体系。《意见》明确指出，新时代中央企业新型智库是以战略问题和创新发展为主要研究对象，以服务党和政府及国资国企改革发展、行业产业、中央企业

① 习近平在哲学社会科学工作座谈会上的讲话［EB/OL］.（2016 – 05 – 19）［2024 – 02 – 03］. http://jhsjk.people.cn/article/28361550.

科学决策为宗旨的研究咨询机构。

　　国家电网有限公司作为关系我国国家能源安全和国民经济命脉的特大型国有重点骨干企业，已明确提出建设"具有中国特色国际领先的能源互联网企业"的战略目标。能源研究院有限公司作为集团公司发展战略部署的核心智库支撑部门，也明确要建成"国际一流企业高端智库"的战略目标。对标国内外高端智库发展现状和未来趋势，现阶段着力提升国网能源院作为高端智库的认知度、知名度、美誉度，尤其是全面提升国网能源研究院有限公司的品牌影响力成为发展关键。本书依托国网能源研究院有限公司青年英才工程项目《高端智库的品牌影响力提升策略研究》（项目号：SGNY202114008）支持，旨在深入探讨新型智库建设与品牌影响力评估体系，分析智库在国家发展中的作用，以及如何通过品牌建设提升智库的核心竞争力和社会影响力。

　　本书首先回顾了智库的发展历程，特别是自 2012 年党的十八大提出建设中国特色新型智库以来的政策演变和实践进展。随后，系统梳理了智库与品牌的相关研究，包括智库的基本内涵、功能作用、发展模式和影响力，以及品牌的基本内涵、品牌影响力和评估体系。在此基础上，提出了构建智库品牌影响力评估体系的必要性，强调品牌影响力是智库核心竞争力的重要体现，对于智库获得社会认可和信任具有关键作用。本书从高质量建设、高效能评估和高标准案例三个层次出发，探讨了如何科学有效地评价智库建设成效和品牌影响，以及如何通过案例学习实现智库的高质量可持续发展。此外，还综述了国内外智库评价的实践和经验，分析了不同智库评价体系的特点和优势，为构建具有中国特色的智库评价体系提供了参考。通过这些研究，旨在为中国特色新型智库的建设和发展提供理论支持与实践指导，推动智库在服务党和国家大局中发挥更大作用。

　　此外，在本书编写过程中，得到了国网经济技术研究院有限公司、南开大学新闻与传播学院、南开大学融媒体研究中心、南开大学战略传播研究中心、国家电网有限公司特高压建设分公司、中国国际工程咨询有限公司、国网宁夏电力有限公司经济技术研究院等单位的大力支持，在此表示衷心感谢！

总体而言，本书不仅有助于深化对智库和品牌建设重要性的认识，而且对于促进智库品牌影响力的提升、推动智库高质量发展具有重要的理论和实践意义。通过系统的理论分析和实证研究，为中国特色新型智库的建设和品牌影响力的提升提供了有益的探索与启示。限于作者水平，虽然对书稿进行了反复研究推敲，但仍难免会存在疏漏。如有不足之处，恳请读者谅解并批评指正！

编　者

2024 年 5 月

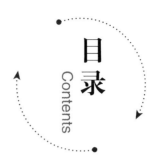

目 录
Contents

1

第一章
绪　论

研究背景与研究问题

从全球范围来看，智库作为相对独立的政策研究机构，在各个领域都扮演着重要角色，不仅能够为行业发展提供高质量的研究成果和政策建议，而且在某种程度上更能影响到公共舆论和国家政策的制定与施行。近年来，随着全球化进程的加快，各国之间的经济、政治和文化交流日益频繁，国际形势、国家间竞争合作也呈现出复杂多元态势。在这种背景下，智库的重要性愈发凸显，智库发展水平已经成为一国软实力、综合实力的重要表征。全球知名智库如美国的布鲁金斯学会、卡内基国际和平基金会、英国的查塔姆研究所等，凭借其深厚的研究积累和广泛的社会影响力，在国际事务中发挥着重要作用。

另外，这些全球顶尖智库不仅在国内政策制定中起到关键作用，往往还会通过广泛的国际交流和合作，积极参与全球治理，甚至在相当程度上能够影响到国际政策和全球舆论。正是基于此，各国日益关注并重视智库在内政外交中的重要作用，也纷纷加大对智库建设的投入，力求通过建设高水平的智库来提升国家的软实力和国际竞争力。综合智库发展所处环境，结合外部竞争态势的紧迫需求，促使各国智库不断采取各类措施，努力提升自身能力和全球影响力，以在国际智库竞争中占据有利地位。

聚焦国内智库的发展态势，我们看到随着经济的快速发展和国际地位的稳步提升，尤其是面对中华民族伟大复兴战略全局和世界百年未有之大变局，我国对高质量决策支持和高效能政策建议的需求也日益迫切。从政策层面看，我国已经多次出台系列政策全力支持智库发展，国家层面也明确提出了"建立中国特色新型智库"的战略目标，强调智库在国家治理体系和治理能力现代化中的重要作用。相关政策的密集出台与落实，为我国智库的高质量发展提供了良好的政策环境和广阔的发展空间，智库品牌建设也提上日程，进一步提升决策影响力、社会影响力、国际影响力已经成为智库建设发展的基本共识。

从发展现状看，国内智库发展迅速，种类繁多，涵盖了经济、政治、社会、文化等多个领域，并且各级各类智库能够依托自身专长特色，追求"小而美"，专注垂直领域，提供切实有效的决策参考，取得了积极成效。然而，我们也要客观省思，对标全球顶尖智库，我们还存在差距和不足，未来还有较大成长空间。整体上看，尽管目前我国的智库数量众多，但整体水平参差不齐，部分智库还存在研究质量不高、品牌影响力不足的问题。在此背景下，加快建设新型智库，提高研究水平，整体提升我国智库的品牌影响力，打造高水平的中国特色新型智库，已成为智库发展的迫切需求与必然进路。

基于此，本书认为提升智库品牌是智库高质量发展的必由之路。品牌影响力是智库核心竞争力的重要体现，是智库获得社会认可和信任的关键。智库品牌不仅代表着其研究水平和专业能力，更是其社会影响力和公信力的重要标志。为了更好整体掌握我国智库建设现状，亟待建构出科学有效的智库品牌评估方法，立足本土，瞄准未来，以评促建，同时积极主动参考全球优秀智库发展先进经验，推动我国智库实现高质量发展。

因此本书将整体梳理政策、理论、实践等维度智库建设与国家发展的关系，重点从高质量建设、高效能评估与高标准案例三个层次开展研究和论述。本书将针对以下三大问题进行科学系统回答：一是如何从历史沿革理论发展维度认识智库与智库品牌？二是如何科学有效评价智库建设成效、评估智库品牌影响？三是如何通过案例对标，学习优秀智库案例经验，实现智库高质量可持续发展？

第二节　智库与品牌相关研究综述

品牌与智库是当今商业和社会领域中备受关注的两个重要概念。在过去的一段时间里，众多学者和研究人员对品牌与智库进行了广泛而深入的研究。这些研究涵盖了品牌的内涵、品牌影响力和相关评估体系，以及智库的功能与作用、发展模式与影响力等多个方面。通过对相关文献的梳理和分析，我们能够更好地理解品牌与智库在当今复杂环境中的重要性及其发展情况，为进一步的研究和实践提供坚实的理论基础。

一、关于智库的研究

（一）智库基本内涵

国外关于智库的系统性研究开始于美国，第二次世界大战时期，美国军方为了应对复杂的军事行动，制定科学可行的军事方案，组织专家商讨军事问题，形成了智库的雏形。1950 年之后，逐渐就形成了专门进行政策问题、经济社会发展研究的机构和组织。美国学者保罗·迪克逊（Paul Dickson）1971 年出版的首部专门智库研究著作——《思想库》被认为是现代智库研究的开山之作，主要内容是系统地介绍了美国思想库的发展历史。

迪克逊是首次提出现代意义上智库定义的研究者，认为智库具有稳定性和相对独立性，是一种研究人员运用科学研究方法对政策问题进行多种学科共同分析的决策研究机构。对社会公众有兴趣的公共议题提供问询服务；奈格尔（Nagel，1990）强调智库的功能和作用，认为"思想库是产生可靠的、可以被有关部门接受的政策研究成果的主要机构"；而詹姆斯·迈甘（James McGann，2018）认为智库应该作为研究者与决策者之间的沟通媒介，并在决策者与公众之间搭建相关的信息交流平台。

凯利（Kelly，1988）主要从制度安排的角度解释智库的定义。他认为这是一种组织安排，其中企业部门、政府机构和富人给组织的研究人员提供资金，然后研究人员进行一定时间和程度上的研究，并且以公开或者私下的方式以专门书籍的形式展示研究成果，此种运行的独立机构指的就是智库。

韦弗（Weaver，1989）指出智库主要在决策过程中表现为五种角色：政府决策或政策概念的起源；政策决议的点评人；决策方案操作的衡量人；储备政府公务员和专家选拔的人才库；新闻媒体引用的权威消息来源。

总体上来说，许多学者在对智库的内涵下定义时，都着重提出智库的社会功能。智库是转移沟通的纽带，将专家与记者对相关政策的思想转移到决策制定者，对帮助政府作出决策起到了积极的作用。智库研究在西方逐渐成熟，并且从单纯的概念性研究转入功能性研究，表现了智库在各国中由于各种地缘因素和发展原因，会呈现政治地位和发挥作用的差异。

　　智库在中国发展时间不长，我国的智库研究开始于 20 世纪 80 年代。1982 年，吴天佑和傅曦出版了《美国重要思想库》，这本书是我国最早研究美国智库的书籍。1987 年，陈启能（1987）出版了《美国思想库和美国社会：访美札记》一书，主要介绍了美国政治政策和外交方面智库的重要性。1990 年，朱锋和王丹若在《领导者的外脑：当代西方思想库》一书中首次系统介绍了西方的不少智库，对智库进行了系统的介绍和分析。丁煌在 1997 年发表了《美国的思想库及其在政府决策中的作用》，主要分析了美国智库的种类、特点和发展状况，对中国智库的发展提出了展望。

　　关于智库的定义，学者根据中国国情，从不同的角度对智库的概念作出了界定。朱旭峰（2006）认为"智库是一种相对稳定的且独立运作的政策研究和咨询机构"，他的《中国思想库：政策过程中的影响力研究》较早地向国内介绍了西方智库，提出了国际思想库网络"二轨国际机制"的理论模型并加以实证分析；陈振明（2015）认为智库是由专家、学者及退休官员等组成的跨学科、多领域的综合性决策咨询机构，主要任务是为公共部门特别是政府提供决策咨询、政策相关信息以提高公共政策的质量。

　　同样地，国内学者对于智库的社会职能也提供了很多论述。徐晓虎（2012）认为"智库的本质并不在于非营利性和独立性，而在于提供高质量的思想产品"；王莉丽（2010）也指出"智库是一种专门为公共政策和公共决策服务、生产公共思想和公共知识的社会组织"。

　　经过早期的研究发展，国内学者开始全面地研究国际知名智库，并且尝试为高质量建设我国智库提供对策建议与决策参考。不少学者分别从西方智库的性质、功能、运营机制等各方面进行深入研究，并且对如何发展好中国的智库提出建设性建议。

（二）智库研究的支撑理论

1. 精英理论

精英理论的思想基础可以追溯到古希腊柏拉图的"哲学王统治"思想和中世纪意大利马基雅维利关于统治的权力与技巧的研究。精英理论起源于19世纪末20世纪初，在这一时期，精英主义政治理论形成了比较明确的理论框架和研究方法。早期的精英理论家，如帕累托（Vilfredo Pareto，1916）、莫斯卡（Gaetano Mosca，1896）等在解释权力、政治和社会变迁过程中作出了重要贡献。

精英理论的发展经历了从古典精英理论到现代精英理论的过程。古典精英理论主要关注社会结构中的顶层位置，强调精英占据着社会结构中顶层的位置。而现代精英理论则更加注重精英之间的关系，尤其是精英之间对权力的争夺，认为这是国家形成的重要因素。主要观点包括精英的存在和作用、精英与民主的关系及精英在社会政治生活中的影响等。关于精英的存在和作用，该理论强调精英被视为社会结构中的统治少数，他们控制和争夺最重要的权力来源。精英民主理论则指出通过精英之间的竞争和合作，可以实现政治制度的变迁和社会的进步。此外，精英理论还关注精英如何影响公共政策的制定和执行，认为精英通过其地位、收入和知识，在公共政策决策中发挥着显著的影响。

智库作为独立的非营利组织，在公共政策领域中具有专业性和权威性，为现代社会的政策制定贡献力量。其通过研究、分析和辩论等途径，致力于为政策制定者提供深入、专业的建议，符合精英理论中关于专家或精英群体在公共政策制定中扮演关键角色的观点。

精英理论强调，少数精英通过其地位、收入和知识对公共政策的决定产生重大影响。而智库本身就是精英知识和专业能力的集合体，其中的专家人才尤其是那些在特定领域具有深厚专业知识的人士，正是精英理论的体现。他们通过智库平台，对国家治理体系和治理能力现代化贡献智慧与力量。在社会决策过程中，专家或精英群体因其深厚的知识储备、丰富的实践经验和独特的洞察力，往往能够提出更具前瞻性和可操作性的建议。而智库作为精英群体的重要代表，通过深入研究和分析，能够为政策制定者提供科学、客观和全面的信息，有助于其更好地把握社会发展趋势，制定更加合理、有效的政策。

智库对精英理论而言同样具有重要意义。智库在推动精英理论的应用和发展方面扮演着重要角色。智库对精英理论进行研究、分析和阐释，其研究成果有助于揭示精英在社会政治生活中的作用和影响，从而促进社会对精英角色的认识和接受。此外，智库通过举办研讨会、论坛等活动，通过聚集和培养具有专业知识与技能的人才，促进了不同领域专家之间的交流与合作，有助于形成和维护一种以知识与能力为基础的精英结构。这种精英结构能够保证决策过程中的专业性和效率，对于国家治理和社会发展具有重要意义。

2. 多元理论

多元理论的起源可以追溯到对多样性的认识和重视。在哲学领域，多样性被视为一种价值，其萌芽可以追溯到 19 世纪末期尼采（Friedrich Wilhelm Nietzsche，1878）对一元论的批判和反思。他从本体论意义上讨论多元主义立场，认为基督教与欧洲传统的形而上学内在地都包含有某种一元论的线性思维，并以此规划、压抑丰富的人性。

在政策问题形成方面，多元主义强调多元主体参与的作用。多维理论视角下的政策问题构建强调了公共政策问题的复杂性和动态性，提出了通过信息公开、专家咨询及公众参与等方式来全方位考察和分析政策问题。此外，多元主义还涉及公共政策运行、评估等多重环节的考量。

多元理论与智库之间存在着密切的联系。智库作为政策研究和咨询的重要机构，其核心任务在于提供高质量的研究成果和政策建议，以推动社会的发展和进步。通过运用不同的理论框架和分析方法，智库能够更全面地把握问题的复杂性和多样性，从而提出更为精准和有效的政策建议。在进行政策分析和建议时，智库需要充分考虑到各种社会力量的利益和诉求，以确保其研究成果和建议具有广泛的代表性与可接受性。通过采用多种理论视角，智库能够更为全面地了解问题的各个方面和利益关系，从而提出更为公正和客观的政策建议。

此外，智库作为思想市场的一部分，其影响力在很大程度上取决于其能够代表和整合这些多元社会力量的能力。通过运用多元理论，智库不仅能够提高自身的研究水平和影响力，还能够为政府决策提供更加全面与深入的参考和借鉴，从而推动社会的进步和发展。

3. 政策过程理论

政策过程理论的起源可以追溯到 20 世纪 60 年代。这一时期政策制定者开始批判、超越传统政策制定模式，他们更加注重政策制定的全过程，包括议程设置、政策制定、实施和评估等环节。保罗·A. 萨巴蒂尔（Paul A. Sabatier, 2004）是该理论的重要代表人物之一，在其著作《政策过程理论》中对传统公共政策阶段启发论进行了反思，并在此基础上发展了制度分析与发展框架、多源流理论、倡导联盟框架等新的理论视角。

早期的政策过程理论主要集中在政策制定和执行的阶段性分析上，如政策过程阶段论（policy process stages theory），该理论强调了议程设定、政策形成、决策、政策执行和政策评估等五个阶段。随着时间发展，学者们开始认识到单一阶段或线性模型无法充分解释复杂的政策过程，因此提出了多种替代性理论，如多源流框架（multiple streams framework）强调了政策问题的来源多样性和政策制定过程中的多元参与者的互动，间断—均衡理论（punctuated equilibrium）和制度分析与发展框架（institutional analysis and development framework）也被提出，以更好地解释政策变迁和政策制定过程中的非线性动态趋势等。

现代智库通过提供专业知识、研究成果和政策建议，对公共政策的形成和发展产生重要影响。在政策执行过程中，专门性智库机构能够进行校验性论证。在政策评估阶段，智库能通过对政策效果的及时评估和反馈，帮助政府及时调整和优化政策措施，提高政策的透明度和公众参与度。

现代智库在公共政策的形成与发展过程中发挥着举足轻重的作用。智库凭借深厚的专业知识储备和丰富的研究成果，能够为政策制定者提供精准、科学的智力支持。在政策制定的初始阶段，智库通过政策调查、政策研究及政策分析等多种手段，深入剖析政策背景、分析政策需求、预测政策影响，为政策制定者提供全面、深入的决策依据。除了直接参与政策制定，智库还通过举办专题论坛、撰写署名文章、发表研究报告等方式，积极参与政策议程的设立。这些活动不仅为政策制定者提供了交流与讨论的平台，同时也扩大了政策议题的社会影响力，使政策议程更加符合社会需求和公众利益。

在政策执行过程中，一些专门性智库机构能够对政策执行方案进行校验性论证，确保政策能够顺利实施并达到预期效果。此外，智库还密切关注政策执行过程中的问题与挑战，及时提出调整建议，帮助政府优化政策实施策略。在政策评估阶段，智库通过对政策效果的及时评估和反馈，为政府提供宝贵的决策参考，有助于政府及时调整和优化政策措施，提高政策的针对性和实效性，同时也增强了政策的透明度和公众参与度，使政策更加符合社会期望和公众利益。

（三）智库影响力

随着经济社会的发展，智库在政策发布、社会经济发展等方面都起到了不可替代的作用，关键是智库怎样能够真正对政策的实施起到积极的作用。奈格尔（2013）认为，智库的影响力拥有因果性的特征。智库的影响力发挥作用的过程在于决策者通过接受智库的思想理念从而使行为发生改变的时候智库具有转移传播的作用。换言之，只有智库研究出的理论观点经过实际传播并被受众接受且实施，智库才算是具有了影响力。

因为国情、政体不同，智库在发挥作用的过程中呈现出巨大差异。唐纳德采用了比较分析法研究出智库传播力与智库的研究领域、历史背景、资料来源、报道次数都有较为紧密的联系。美国宾夕法尼亚大学发布的《全球智库报告》将智库影响力作为评价智库的一个重要维度，其评价对象主要包括智库的政策影响力、学术影响力、舆论影响力、社会影响力和国际影响力等。其中，政策影响力是核心标准。关于政策影响力的内涵，国内学者主要从智库影响力的分类和表现形式等方面进行研究。朱旭峰和苏钰（2014）认为政策影响力是智库通过可观测到的行为，以直接或间接的途径，使政策过程或政策决策者的观点发生改变，从而做出智库希望得到的政策决策的目标；熊立勇（2018）认为智库影响力指的是智库在其社会活动过程中，对其他行为主体思考、决策和行动产生影响的能力；孙志茹和张志强（2010）按照思想库对决策过程的作用方式，将思想库的政策影响力划分为直接性影响力和渗透性影响力；李安方等（2010）指出智库政策影响力应从智库参与政策过程的目标导向、方案设计、方案筛选、政策引导等方面的能力去评价；陈媛媛等（2015）认为智库的影响力主要通过其所承担的设置确定政策议程、进行政策教育传播、推进公共外交、监督评价政策执行四方面的功能体现出来。

各种因素都会影响智库影响力的形成。陈升和孟漫（2015）在经过数据分析模型后发现智库性质对于智库规模、智库产出、智库影响力之间的关系没有显著影响，而智库产出直接影响到智库影响力的大小。

过去对于智库影响力的研究的实证分析较为困难。彼得·豪尔（Peter Hall，1981）认为智库对决策虽有影响，但影响力的具体标准难以表现；而在现代统计分析方法和数据库管理技术的帮助下，以实证方法研究智库影响力逐渐成为智库研究中的重要方法。

（四）新型智库建设研究

2013 年，党的十八届三中全会报告提出"加强中国特色新型智库建设，建立健全决策咨询制度"。2015 年 1 月，中共中央办公厅、国务院办公厅印发《关于加强中国特色新型智库建设的意见》，提出实施国家高端智库建设规划。2020 年，习近平总书记主持召开的中央全面深化改革委员会第十二次会议，审议通过了《关于深入推进国家高端智库建设试点工作的意见》，对推进国家高端智库高质量发展提出明确要求。

智库本身和政策的制定、实施有着紧密的关系，不少学者会在新型智库建设方面着重研究和政策决策相关问题。我国智库研究深受中央重大决策部署影响，其发文态势与政策节点呈现高度的契合性，具有较强的政策导向特征（任恒，2018）。朱旭峰（2014）认为国家的决策咨询体系在国情、政体的双重影响下，有不少的制约，而决策咨询体系决定着智库发展模式，因此中国特色新型智库研究的理论框架是"宏观—体制""中观—模式""微观—结构"；赵明昊（2013）认为智库建设的专业性与国际性对国家的外交决策和国家对外传播具有重要作用，只有通过智库传播和交往，不断苦练内功，才能切实提高智库外交的深度、广度、精度、效度；上海社会科学院智库研究中心的李凌（2014）认为，中国特色新型智库的建立应该在"思想市场"逐步"扩容"的基础上，反映中国公共政策的决策科学化、民主化；李国强（2014）认为建设中国特色新型智库需要处理多方面的关系，包括官办性与民间性、政治性与独立性、单一性与多元性等关系。

另外，智库本身的国际性属性决定了智库研究少不了国内外的对比研究。陈开和（2010）以美国智库运作为例，论证了智库与美国舆论之间的关系，他认为智库是精英舆论的代表者，与美国智库的交流就是与美国精英舆论的交流；王存刚（2012）认为中国智库的建设对于外交政策制定有一定的影响，但是不能过高估计，现在智库的发展对于我国外交政策制定的影响力还需要进一步提高。

随着国内智库的不断发展、数量上的不断增加，研究更加细化，从各种角度开始深入地研究智库如何更好地发展和帮助政策的实施。上海社会科学院智库研究中心（2014）将我国智库划分为党政军智库、社科院智库、高校智库和民间智库四大类；王辉耀和苗绿（2014）将我国智库类型划分为官办智库、大学智库和民营智库三种类型；陈振明（2015）在对我国现有的政策研究组织进行分类的时候，将"中国科学院、中国社会科学院及高校下设的相应系、所、室等学术性政策研究组织"列为第三类。

中国智库建设虽然取得了不小的进步，但是在客观上仍存在一定的问题。王健（2015）认为智库还无法提供前瞻性的产品，缺乏合理的人才构成和内部分工，难以形成有效的政府、社会和国际影响力；徐晓虎等（2012）主要指出中国民间智库发展中的约束因素，缺乏公信力，缺乏获取信息的渠道和平台，此外，也受到现有政策环境的约束。

近年来，中国智库发展很快，在思想成果、人才建设等方面都取得了不错的成绩，为推动改革开放和社会主义现代化建设作出了重要贡献。学者关于新型智库建设做出了多样的研究，但是还存在智库建设不适应生态环境发展等问题（薛澜，2014）。作为国家软实力的重要组成部分，智库需要发挥好在公共政策制定和国际传播的作用，增强我国的国际影响力和国际话语权。

（五）智库评估体系

对于智库的评价主要分为内部评价和外部评价，内部评价的评价主体为政府部门、委托智库进行调查研究的用户及受政府部门委托的第三方机构；外部评价的评价主体为媒体、学术部门等第三方机构（朱敏和房俊民，2017）。智库评价对于智库建立和发展有非常重要的作用，对于公众来说，可以了解智库发展现状；对于政府来说，可以有针对性地做出拨付科研经费的决定和准备政策制定的条件；对于现存的智库来说，可以互相之间识别优秀智库，使各个智库在建设发展的过程中能够取长补短，促进良性竞争，提升智库的建设效率。

国内外学者机构对智库评价做出过多次尝试。1995 年，迈甘（Maigan）提出了智库竞争力指标体系，一共有 11 个指标项，其中，"影响力"是主要指标之一。他通过问卷调查的方式收集了七个美国智库的基本数据，为了验证该指标体系的科学性，开创了智库研究中影响力和竞争优势定量研究的先河。唐纳德·E. 埃布尔森（Donald E. Abelson，2010）在他的《智库能发挥作用吗?》一书中提到一种评价方法，是对智库业绩进行定量评估，统计这些业绩带来了多少媒体报道、员工向立法委员会陈述观点的次数。费雷德·昆斯（Fred Kuns，2016）将智库的传播与影响力指标分为：媒体提及率、出版物数量和类型、学术引文、政府引用、智库评级、智库资金的质量/多样性和稳定性、智库专家/分析师和研究院的数量/经历/能力和名誉、人际网络和伙伴关系的质量和广度、活动、数字浏览量和参与度、官方使用量、在网上售出或下载的出版物、予以考虑或被实际采纳的政策建议、证明材料、智库成果质量。卢布（Nicolas S. Ruble，2000）基于2个经济政策类型的智库和171名智库学者的调查数据，首次对智库的新闻能见度进行了实证研究，从此学界开创了关于智库影响力的定量研究。

李凌（2014）总结了智库影响力是其决策影响力、学术影响力和公众影响力的综合体现，加上智库影响力实现的一整套渠道和机制，即智库的成长与营销能力，共同构成中国智库影响力的评判标准。陈媛媛和李刚（2015）以情报学视角采用链接分析的方法和因子分析方法建立智库网站的综合评价指标体系，认为智库的门户网站影响力与智库机构综合影响力具有一定的相关性，智库要提高综合影响力就应重视网站建设，加强网络建设，增强自身传播力和影响力。

目前，国外影响较大的智库影响力评价指标体系是由迈甘领导的宾夕法尼亚大学"智库与公民社会"（Think Tanks and Civil Societies Program，TTCSP）项目提出的，自2010年起，该指标会交由包括政治家、科学家、智库金主、智库等使用"三阶段调查"（three - phase survey）以决定智库排名。该指数被认为是世界上最权威的智库排名报告，其优势在于长期的数据积累——早在1989年就已启动，拥有覆盖全球8000多家智库的数据库。2021年项目领导人迈甘博士去世后，报告停止发布。

2013年，上海社会科学院发布中国智库排名，其依据的指标体系也具有一定的影响力。该评价指标体系借鉴约翰·加尔通（J. Galtung，1969）的社会结构理论，结合中国国情，把智库影响力分解为决策影响力、学术影响力、社会影响力和国际影响力四个方面。

以智库为评估对象，国内也已经涌现出了一大批智库影响力的评价体系和评估模型。2015年，四川省社会科学院与中国科学院成都文献情报中心发布了《中华智库影响力报告》，该智库影响力评价指标体系包括三级指标，其中一级指标 5 个，分别为决策影响力、舆论影响力、社会影响力、专业影响力和国际影响力。2016 年，南京大学中国智库研究与评价中心发布了《CTTI来源智库发展报告》，提出了 MRPA 智库测评模型，CTTI 一期该模型设置了 4 个一级指标，19 个二级指标，4 个一级指标分别是治理结构（M）、智库资源（R）、智库成果（P）、智库活动（A），命名为 MRPA 智库测评指标。2017 年，浙江大学的《全球智库影响力评价报告》是由浙江大学信息资源分析与应用研究中心（CIRAA）依托中国工程院"中国工程科技知识中心"建设项目推出的。2021 年 5 月 21 日，国家市场监管总局和国家标准委员会批准通过了《人文社会科学智库评价指标体系》。

二、关于品牌的研究

（一）品牌基本内涵

品牌是市场营销和企业管理最为重要的核心词之一，它既是企业市场竞争的主要"武器"，也是顾客选购商品的信心来源。国内外研究者对于品牌的定义众说纷纭，一般认为，美国广告大师大卫·奥格威（David MacKenzie Ogilvy，1950）在 1950 年首次提出了品牌的概念，他认为品牌是一种复杂的象征，是产品属性、名称、包装、价格、历史声誉、广告方式的无形总和，品牌同时也因消费者对其使用的形象及自身的经验而有所界定。许多专家、学者和专业机构都对品牌展开了研究。根据美国市场营销协会的定义，品牌是一个名称、术语、标志、符号或设计，或者是它们的结合体，用以识别某个销售商或某一群销售商的产品或服务，并使其与竞争者的产品或服务区分开。《营销术语词典》（1960）中对品牌的定义是："用以识别一个或一群产品或劳务的名称、术语、象征、记号或设计及其组合，以此作为同其他竞争者的产品和劳务区别。"也就是说，品牌可以准确无误地把一个生产商的产品同另一生产商的产品区分开来。

古德伊尔（Goodyear M，1996）指出，各国管理者根据他们所处的不同环境，对品牌这一术语的理解或解释是不同的。不仅如此，不同时期，人们的认识理解和研究也存在较大差异。国外对于品牌的研究较为完整，除了品牌本身的内涵定义，还有关于品牌的相关理论。随后，围绕品牌的研究随着经济社会发展，逐渐风生水起、蔚为大观。随着西方经济发展，品牌理论产生并不断更新。20 世纪下半叶，几乎每十年都会出现一种主导性的品牌理论。

20 世纪 50 年代：品牌形象论。1955 年，奥格威在其名为《品牌与形象》的演讲中，首次明确阐述了"品牌"这一概念，从品牌塑造的角度提出了品牌形象理论。品牌形象是指顾客对品牌的感知，它反映为顾客记忆中关于品牌的联想。

20 世纪 60 年代：品牌性格论。奥格威在《一个广告人的自白》一书中指出，"最终决定品牌市场地位的是品牌总体上的性格，而不是产品间微不足道的差异"。随着对品牌内涵的进一步挖掘，美国 Grey 广告公司提出了"品牌性格哲学"，日本的小林太三郎教授提出了"企业性格论"，推动"品牌个性理论"逐渐形成。

20 世纪 70 年代：品牌定位论。1979 年，特劳特和里斯（Jack Trout & Al Ries）出版的《定位》一书标志着定位论的正式诞生。品牌定位是营销战略的核心，是指设计公司的产品服务和形象，从而在目标顾客的心目中占据独特的价值地位。品牌定位能设定营销方案和活动的战略性方向，规定品牌在市场上的"活动"范围。

20 世纪 80 年代：品牌资产论。1989 年，西方管理理论界将

"品牌"扩展为"品牌资产"。20世纪80年代以来，公司并购浪潮、频繁的价格战等市场因素使得公司更加重视品牌的市值和增值，品牌资产论应运而生。品牌资产理论的提出，是品牌理论领域最重大的进展，同时也表明该领域达到了一个新的高峰。

20世纪90年代：品牌关系论。1994年，福尼尔（Susan Fornier，1994）提出了品牌关系质量；之后布莱克斯通提出了品牌关系模型；布莱克斯通（Blackston M，1994）认为，应把品牌关系界定为"客观品牌与主观品牌的互动"，认为它是品牌的客观面（品牌形象）与主观面（品牌态度）两个维度相互作用的结果。

进入21世纪，整合营销理论、品牌共创论、品牌生态系统论、品牌战略理论等理论不断叠加迭代，品牌研究以更加多元、多变的方式全面渗透至政治、经济、社会、生活的方方面面。品牌实践也开启了由单一向多元、由单向向双向、由大众向分众、由顾客/消费者向利益攸关方、由单个企业到行业生态等一系列转向。

国内学者关于品牌的定义也有很多。艾丰（2010）认为："品牌包括三种牌子，第一种是商品的牌子，就是平常说的'商标'；第二种是企业的名字，也就是'商号'；第三种是可以作为商品的牌子。"梁中国（2005）认为："品牌是凝聚着企业所有要素的载体，是受众在各种相关信息综合性的影响作用下，对某种事或物形成的概念与印象。它包含着产品质量、附加值、历史以及消费者的判断。在品牌消费时代，赢得消费者的心远比生产本身重要，品牌形象远比产品和服务本身重要。"李光斗（2003）认为，一个完整的品牌定义应从两个不同角度来阐释：从消费者角度来讲，品牌是消费者对一个企业或产品所有期望的总结；从企业角度来讲，品牌是企业向目标市场传递企业形象、文化、产品理念等有效要素，并和目标群体建立稳固关系的一种载体、一种产品品质的担保及履行职责的承诺。

王新新（2004）认为："品牌是代表特定文化意义的符号。"王连森（2004）认为："品牌是企业用以代表自身及其产品、服务的特征，进而方便并促进顾客对其感知的由名称、标志等组成的符号系统。"蒋康雄等（2012）通过理解品牌产品意义建构提出了品牌产品知识的理论框架。

企业通过品牌来传递信息，塑造和维护形象，与外界建立良好的关系；而消费者则通过接触、体验和消费来了解品牌相关信息，满足自身的需求，并形成对品牌的认知和偏好。在这个互动过程中，达到品牌所有者和消费者的共鸣是很重要的事情，这也是品牌影响力体现的结果。

（二）品牌影响力

"影响力"就是传播主体通过各种传播行为达到影响传播客体的能力。斯克鲁顿（Roger Scruton，1982）写了《政治思想词典》一书，书中对影响力作出了一段阐释，"影响力虽然也是权力的一种表现方式，但是与其他的比如强迫力、威胁、粗暴干涉等力量都不相同。它并不通过胁迫的方式来告知他人某种行为的原因，这些原因有可能是出于道德或善良上的考虑，有可能会是对他本人有益的，通过这些原因来对其行动施加影响（impact）"。这段解释中主要指出影响力主要是通过可信性度高的语言对其进行劝服或通过施加隐形的行为来施加影响，从而对决策造成结果上的不同的目的。

从内涵组成上看，包括产生影响的能力和实现影响的效力；从研究对象上看，包括品牌影响力、媒体影响力等更加多元详细的划分。品牌影响力是指品牌为了保持长久的竞争优势而进行的一系列行为，这些行为与企业客户、销售渠道相关。

而提到品牌影响力，就不得不说到品牌资产，品牌影响力也可以被视作一种品牌资产。戴森、法尔和霍利斯（Dyson，Farr & Hollis，1996）在给"品牌资产"定义时曾说："我们必须有一种方式把品牌这种无形的东西与从品牌获得的收益相联结起来。"他们认为"当市场上交易（买或卖）发生时，这种联结便得以实现"。品牌影响力未来的市场价值同样被视作品牌资产的一种，品牌影响力与品牌资产密切相关。品牌资产定义归纳起来有三个维度：财务概念、市场概念和消费者概念。卢泰宏等认为，品牌资产是建立品牌—消费者关系和形成品牌忠诚的前提。

创业公司的品牌影响力往往会被其创业故事所影响，其创业精神和财富积累的故事也会帮助企业形成其品牌影响力。主要表现为消费者对品牌的记忆程度和提及程度，也就是现在经常提到的企业"会讲故事"。

从社会心理学的角度看，影响者对目标的影响具有三个维度——态度、行为与认知，并且态度、认知、情感、倾向性和行为是一个有机系统，并相互关联。刘凤军等（2012）认为品牌作为营销交易中积极主动的一方，对消费者同样存在态度、行为倾向与认知上的影响作用，将其称为品牌影响力。他们将企业社会责任特征与品牌影响力进行了分析，就企业的承诺、水平、关联度和时间选择等角度与企业的品牌影响力作出了关系比较。品牌影响力是一种能够左右他人认知、态度与行为的能力，也是一种控制能力，是通过其标定下的产品及服务对受众的影响和控制能力，其发生过程是一个企业和目标受众互动的过程。

品牌对于竞争者及其理念的影响能力主要表现为：对于品牌竞争者来说，公司战略的实施，如行业的选择、产品的出产和组合方面的影响，以及市场上的价格变化、销售渠道的选择和营销策略策划的影响。

品牌对于供应商及其理念的影响能力主要表现为：品牌对该品牌企业和代销商之间的信任、长期稳定的合作关系的影响能力。如果在良好的品牌影响力的情况下，代理商会积极主动地为企业代理产品。

品牌对社会公众及其理念的影响能力主要表现为：品牌对社会公众提及程度或消费者对品牌的识别能力，并且品牌对社会公众行为及价值取向的影响也是品牌影响力的一个重要表现之一。

（三）品牌影响力评估体系

既然品牌影响力也是品牌资产的一种，品牌影响力的评价指标也是众多学者研究的方向。传统的品牌影响力的评价指标主要包括品牌认知度、品牌知名度、品牌美誉度、品牌满意度、品牌忠诚度、市场占有率等。考虑品牌影响力也包括品牌开拓市场、占领市场并获得利润的能力，市场占有率、品牌忠诚度和全球（区域）领导力被认为是三个基本指标。

品牌认知可以被定义为一系列相互交织而形成的一个网络框架，它关系到消费者记忆中对该品牌的相关性描述及评价等信息。刘昌振（2014）认为，当消费者搜索或接收到与当前选购商品相关的信息时，他们会在脑海中形成对产品品牌的记忆、知觉和联想，同时根据其联想获得的品牌形象，就会对产品品牌形成认知，如品牌与消费者自我一致性的关联度或品牌在消费者心目中处在哪个位置。邓诗鉴等（2018）探讨了消费者品牌联想、品牌认知和品牌依恋的相关理论与实践，证实了企业越能加深消费者对品牌的关联度认知和心理位置认知，消费者对品牌的依恋程度就会越高，从而将会产生更高、更持续的品牌忠诚度，促使产品能够获得溢价销售。

品牌认知是消费者视角的品牌权益的核心要素，包括品牌知名度和品牌形象。这两个维度在前人的营销研究中得到普遍认可。杨伟文和刘新（2010）通过数据分析得到品牌知名度影响品牌形象，品牌知名度和品牌形象二者是消费者当前购买行为的决定因素。要抓住消费者的未来购买行为，必须和消费者建立良好的品牌关系。品牌关系的两个维度——品牌满意度和品牌信任归结为品牌情感，消费者品牌情感是当前购买和未来购买的前提条件。

熊光泽等（2010）认为品牌表现、品牌个性和公司形象对品牌满意度与品牌信任有正面影响，品牌满意度与品牌信任对品牌情感有显著的正面影响，而品牌情感往往是购买决策的重要参考。

品牌忠诚度的研究热点常常会和品牌社群、现代社交媒体结合起来。金立印（2007）研究了网络虚拟品牌社群和品牌忠诚度与品牌价值的关系，将社群成员的社群意识和忠诚度同他们与品牌有关的行为倾向联系起来，验证了社群意识和社群忠诚度在促进社群成员的保护品牌行为和抵制竞争品牌行为中所起到的积极作用。实际上品牌忠诚度研究的例证分析，更多的是从影响因素和情感行为方面进行的。

产品品牌领导力是以产品生产为核心的企业品牌，在一个市场中的领导地位和能力，具有领导力的产品品牌在市场中具有主导作用，是企业品牌建设的目标。产品品牌实力和产品品牌地位的建立主要通过与消费者关系最为接近的产品设计来实现，提高品牌领导力，尤其是要提高品牌的国际影响力，需要不断加强品牌本身的产品实力和地位。

卢泰宏（2002）比较归纳了国际上品牌价值评估的代表性解决路线和方法，包括两种国际上最有影响的方法和四种基于消费者关系的评估模型，并提出了深入发展的思路和基于品牌价值的新评估方向。范秀成（2000）提出基于顾客消费行为的忠诚因子法：品牌价值 = 忠诚因子 × 周期购买量 × 时限内的周期数 × 理论目标顾客基数 ×（单位产品价格 - 单位无品牌产品价格）。

目前，从财务与货币化的角度开展的品牌影响力评价主要有六大体系，主要分布于美国和英国，均由营利机构建立，通过向企业提供评级服务、战略咨询、财务建议、税务咨询、品牌建设等业务而获利。这些机构的运营时间大部分长于 20 年，数据来源广泛，评价体系完备，评价类型多样，增值服务细分。

2 第二章
智库在中国：历史与现状

第一节　中国智库的发展环境

21 世纪以来，基于错综复杂的世界形势变化，信息的复杂性与对信息处理的技术性要求不断提高，对及时、简明的信息的分析需求攀升，亚洲智库的数量高速增长。中国作为世界上最大的发展中国家，大体量的经济水平、庞大的人口规模与浩瀚的历史文化背景构成了复杂的社会环境，需要一大批能够准确分析社会现状、为中国式现代化建设提供建设性意见的智库的出现，智库建设日益成为新时代推进国家治理体系和治理能力现代化的重要内容。本部分从国际视野与国内发展两个维度来整体概述中国特色智库建设的基本情况。

一、国际视野

美国宾夕法尼亚大学"智库与民间学会研究项目"（TTCSP）发布的《全球智库报告》（*Global Go To Think Tank Index Report*）被认为是世界上最权威的智库排名报告，本书基于此报告的数据分析中国智库在全球智库中的地位。报告显示，截至 2020 年，中国的智库数量已达 1413 个，位居世界第二、亚洲第一，且和第三名（印度）之间形成断层，这充分反映了我国智库规模之庞大、建设之良好，中国智库前景向好。

总体来看，在全球顶级智库总排行榜中有中国现代国际关系研究院（CICIR）、中国社会科学院（CASS）、中国国务院发展研究中心（DRC）、中国国际问题研究所（CIIS）、中国与全球化研究中心（CCG）、北京大学 FKA 国际与战略研究中心、上海国际问题研究院（SIIS）、团结香港基金（中国香港）等九个智库上榜，仅占全球顶级智库的 6%。从各个领域来看，中国智库发展比较好的领域有以下八个方面。

（1）国内经济政策智库排行榜：有国务院发展研究中心（DRC）、九鼎公共事务研究所、中国社会科学院世界经济与政治研究所、中国人民大学重阳金融研究院（RDCY）、中国社会科学院（CASS）、上海社会科学院（SASS）、团结香港基金（中国香港）、国家发展和改革委员会宏观经济研究院等九所智库上榜。

（2）外交政策与国际事务智库排行榜：有中国现代国际关系研究院（CICIR）、中国国际问题研究所（CIIS）、上海国际问题研究院（SIIS）（中国）、中国人民大学重阳金融研究院（RDCY）、察哈尔学会、中国与全球化研究中心六所智库上榜，且中国现代国际关系研究院（CICIR）排在全球第三位。

（3）国际发展政策智库排行榜：有中国国务院发展研究中心（DRC）、中国社会科学院（CASS）、中国人民大学重阳金融研究院（RDCY）、中国国际经济交流中心（CCIEE）、国家发展和改革委员会宏观经济研究院（NDRC）、世界经济与政治研究所（IWEP）六所智库上榜。

（4）国内卫生政策智库排行榜：有中国卫生经济研究中心（CCHER）、国务院发展研究中心（DRC）、中国国家卫生发展研究中心（CNHDRC）、全球健康研究所、团结香港基金（中国香港）五所智库上榜。

（5）环境政策智库排行榜中，有中国环境规划研究院（CA-EP）、中国环境科学研究院（CRAES）、思汇政策研究所（中国香港）、中国环境保护基金会（CEPF）四所智库上榜。

（6）国际经济政策智库排行榜：有中国社会科学院世界经济政治研究所、中国国际经济交流中心（CCIEE）、中国国务院发展研究中心（DRC）、中国人民大学重阳金融研究院（RDCY）四所智库上榜。

（7）科技政策智库排行榜：有中国科学技术协会、创新与发展战略研究院、国家电网能源研究院股份有限公司等四所智库上榜。

（8）水安全智库排行榜：有中国水利水电科学研究院（IWHR）、武汉大学水安全研究所（RIWS）两所智库上榜，其中中国水利水电科学研究院（IWHR）在75所水安全顶级智库中排第三位。

中国智库国际地位有待拓展的领域有以下六个方面。

（1）教育政策智库：仅有国务院发展研究中心（DRC）一所智库上榜。

（2）能源与资源政策智库：有环境、能源与资源政策研究中心（CEEPR）、国际能源安全研究中心两所智库上榜。

（3）卫生政策智库：有中国卫生政策与管理研究中心、中国改革与发展研究院（CIRD）两所智库上榜。

（4）国防和国家安全智库：有国际战略研究所（IISS）、中国现代国际关系研究院两所智库上榜。

（5）粮食安全智库：有中国农业科学院（CAAS）、中国农业科学院农业资源与区域规划研究所两所智库上榜。

（6）社会政策智库：有国务院发展研究中心（DRC）、中国社会科学院（CASS）、上海社会科学院（SASS）三所智库上榜。

综合我国智库在全球的智库排行榜中的表现，可以看出我国智库建设的不足之处，即在我国智库数量遥遥领先的现状下，在全球顶尖智库中占比偏少。如何建设高质量智库，实现智库转型升级，是我国智库建设面临的一大挑战。

同时，我国智库发展不均衡、优势短板都比较明显。在《全球智库报告》中的各领域智库排行榜中可以看出我国智库在经济、外交等领域智库发展较好，在教育、国防等领域的智库仍需加大建设力度（见图2-1）。

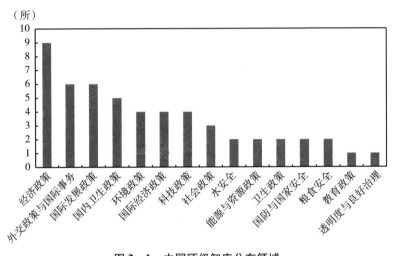

图2-1　中国顶级智库分布领域

中国与全球化研究中心（CCG）、中国国务院发展研究中心（DRC）、中国人民大学重阳金融研究院（RDCY）与中国社会科学院（CASS）是我国上榜最多的前四所智库。我国智库建设中的社会力量也发挥着关键性作用，在建设新时代新型智库时要充分利用民间组织和高校研究所的力量，构建全面完善的智库体系。

除此之外，在全球智库的活动评估体系中，全球最佳营利性智库榜中我国没有智库上榜，最佳政府附属智库中有中国现代国际关系研究院（CICIR）、中国国际问题研究所（CIIS）、国务院发展研究中心（DRC）、中国社会科学院（CASS）、上海国际问题研究院（SIIS）、国际战略研究院党校（中国）六所智库上榜，说明我国智库多是政府性、公益性智库，加强党的领导是中国智库建设的必然要求和根本保障。

值得一提的是，2020 年度最佳新智库中有北京体育大学冬奥文化研究中心、中国社会科学院"一带一路"国际智库、浙江农林大学中国农民发展研究中心、浙江大学人力资源与战略发展中心/全球创业研究中心等 18 所智库上榜，这表明了我国新型智库后发动力十足，不断有新鲜的血液注入国家智库建设中。

在 2020 年最佳大学附属智库中有北京大学 FKA 国际与战略研究中心、清华—布鲁金斯公共政策研究中心（BTC）（中国）、中国人民大学重阳金融研究院、北京大学国家发展学院等智库上榜，其中清华—布鲁金斯公共政策研究中心（BTC）（中国）被选为 2016～2019 年区域研究中心（大学附属）卓越中心。清华大学、北京大学的高校智库对我国智库建设的贡献影响成就突出。

《全球智库报告》为我们提供了一个较为客观全面、科学的智库评价标准和体系，然而其不可避免地受到多种因素的影响，因而在一些排行榜的评估上带有主观色彩。因此我们还将从国内视角来综合评估我国的智库建设成果。

二、国内发展

从总体上看，我国智库建设最突出的特点是不均衡性，不仅是智库分布地区的不均衡，还包括资源分配、研究领域、产出成果等方面的不均衡。

地区上，中国智库分布具有聚集性、不均衡性的特点。依托于地区经济的发展及高校和高端人才的集聚，我国优质智库大多向京津冀城市群、长三角城市群、珠三角城市群、成渝城市群四大板块集聚。其中北京最为集中，其次是上海，影响力较大的智库 90% 集中在北京，10% 在上海；而影响力一般和基本无影响力的智库 80% 在京沪以外地区。大部分活跃智库分布在东部发达地区，尤其是一些特大城市；中部和西部地区的活跃智库分布相对较少。

系统上，官办智库处于领头羊地位，民营智库、高校智库相对处于弱势地位。中国智库体系大致由政府直属机构系统、社会科学院（以下简称社科院）系统、高校系统、民间系统四个系统组成。其中社科院系统是最具有中国特色的智库系统，尽管得到政府的资助，但社科院又不直接隶属于政府，服务对象也不局限于政府机构。我国智库体系由官办智库、高校智库、民营智库形成"三驾马车"并立的大格局。

领域上，中国智库分布多样，涵盖了政治、经济、文化、社会、科技、教育、军事等多个领域，为不同领域的政策制定和决策提供了专业的智力支持。各智库研究具有针对性，不同类型的智库根据自身的定位和优势，关注特定领域的政策问题。

中国智库在经济、国际事务等领域研究成果丰硕。浙江大学信息资源分析与应用研究中心（CIRAA）发布的《全球智库影响力评价报告 2021》（以下简称《报告》）中对中国智库进行了评估分析。《报告》显示，2021 年我国排行前十的智库分别为国务院发展研究中心、北京大学国家发展研究院、中国工程院、中国科学技术信息研究所、中国社会科学院、中国国际经济交流中心、全球化智库、商务部国际贸易经济合作研究院、中国科学院、中国国际问题研究院。其中有六所智库涉及经济领域，五所智库涉及国际事务领域。国务院发展研究中心作为我国实力最强的智库，在全球智库中名列前茅，尤其是在国际事务、经济、社会政策、教育、健康等领域。效果上，我国智库影响力较低，多表现为"政府智囊团"的形象，整体认可度不高。在"开放性"的指标上，国际传播效果并不是很理想，中国智库的国际化发展仍需加力。

第二节 智库发展历史与沿革

早在中国古代，决策咨询制度的运行中就已经显现了中国新型智库的雏形。从春秋战国时期的"稷下学宫""门客集团"到东晋时期由名士组成的清谈组织、唐朝翰林院、明朝末期"东林党"等，都具有智库雏形的特征。周静、卢敦基（2014）认为其中最近似于当代智库的可以追溯到三种制度。一是春秋战国时期的门客；二是战国至五代的幕府；三是明清时期特别是晚清时期的幕府。其共同具有的私人性、专业性、实用性、对等性和准入与评价制度的倾斜性都与现代智库的发展要求不谋而合。

进入近代，中国智库的发展大致经历了以下三个阶段。

1. 延安时期到改革开放前，属于党的智库建设的"起步阶段"

延安时期是官方智库的雏形时期，应"战"而生。这个阶段的智库大多由教学科研机构兼任，部分发挥着智库的功能。出于自身建设和团结各方力量需要，党中央相继迁入和创办了大批学校、院所，各级研究机构相续涌现。这些机构一定程度上也发挥了研判时事与资政的作用，为中国革命的胜利和新中国的建设培养了坚强的"后备军"。

新中国成立后是官方智库的成长定型时期。在国内外多重压力和新民主主义建设的繁重任务的驱使下，为了更好地汇民智、集民意，中国共产党建立了诸如中国科学院这样的多个研究机构，这些智库至今仍在建言献策上发挥着重要的作用。这一时期的官方智库培养了一大批优秀的智库人才，智库研究也因此在短时间内取得了大量卓有成效的成果。此后，我国智库初步形成了包括从中央到地方的各级党校、社会科学院、党政政策研究室（中心）、普通高校、军队参谋系统等在内的官方、高校和军方

"智库"共同发展的良好态势。

2. 从改革开放到党的十八大召开时期是智库发展的"中兴阶段"

这一阶段智库的研究成果为中国特色社会主义建设和中国现代化进程奠定了良好的基础。

党的十一届三中全会后，在"解放思想、实事求是"思想路线的影响下，全党的决策体制机制发生了改革，党的十三大报告第一次明确提出决策的科学化、民主化要求。智库意识强化，其"思想库"和"智囊团"的定位日益清晰。智库地位发生明显变化，受重视程度不断提升。改革开放初期，我国社会生产力水平显著提高，对经济形势分析的需求旺盛。这一时期的智库大多由体制内机构历经合并、撤销、重组而成，地方各级研究机构（如地方社科院和地方政府研究中心）也在纷纷成立；得益于一部分知识分子从"体制内"走出来，成立了我国首批民间智库，以崭新的市场模式服务于各地改革开放事业，民间智库登上历史舞台并获得了一个较快的发展期。在政府鼓励性政策的支持下，高校智库的作用也逐渐凸显，这提升了体制内智库的层次性，增强了研究的专业性。值得注意的是诞生了半官半民的混合型智库，如2009年成立的中国国际经济交流中心。至此，我国智库系统更为完善全面，高校系统、社科院系统、党校系统、军队系统、政府和社会各界研究咨询系统共同发展。社会智库、高校智库的蓬勃兴起，标志着我国智库发展已进入一个体系化、多元化和市场化的时代。

3. 党的十八大以后，中国智库发展进入"精准阶段"

这一时期，"智库"的概念被明确提出，其定位、主体、功能、标准也被明确界定，关于智库的研究报告不断涌现。在这一阶段，中国智库呈现出"多样化、专业化、国际化"的特点。

党的十八届三中全会通过的《中共中央关于全面深化改革若干

重大问题的决定》，进一步加快推动了新型智库建设的速度。这表明新型智库的建设首先要凸显中国特色，能够提出解决中国问题之建议、解决国际问题之"中国方案"。其次要求立足高端，重点建设一批具有较大影响力和国际知名度的高端智库。再次是要求服务人民。新型智库的研究必须以维护国家利益和最广大人民根本利益为出发点，坚持党对智库的领导，要求智库把重点放在提高研究质量、推动内容创新上。这一决定拉开了中国特色新型智库建设的历史帷幕，智库发展思路更加明确。

目前，高端智库的建设，其要旨就是处理好智库建设队伍中各方关系，合理分工，突出重点，平衡好官方智库、高校智库、民间智库"三驾马车"之间的关系。官方智库建言资政。主要围绕党和政府工作大局，尽可能使科研成果转化为政策和建议。高校智库深度科研。依托人才和多学科优势，发挥好"学术研究者""政策咨询者""公共倡导者"的三重角色。民间智库落地实际。促进产学研协同创新和国际关系的和谐。

自《关于加强中国特色新型智库建设的意见》出台以后，国家兴建了大批智库机构和智库网站，取得了一大批丰硕成果，智库研究与学术研究形成良性互动。各类智库得到长足发展，官方智库仍然占据主导地位，国内高校智库、民间智库的发展也进入了快车道，港澳台智库也在经济研究等方面发挥着重要作用。

顶尖智库建设颇有成效。2020 年，中国的智库数量已达 1413 个，位居世界第二、亚洲第一。在全球顶级智库总排行榜中有中国现代国际关系研究院（CICIR）、中国社会科学院（CASS）、中国国务院发展研究中心（DRC）、中国国际问题研究所（CIIS）、中国与全球化研究中心（CCG）、北京大学 FKA 国际与战略研究中心、上海国际问题研究院（SIIS）、团结香港基金（中国香港）等智库上榜。

智库开展了一系列具有国际影响力的活动，如二十国集团智库（T20）会议引起全世界的关注。在《全球智库报告》评出的2020年度最佳智库会议中我国有三个会议上榜，其中博鳌论坛排在全球第二位。

智库评价体系也日渐完善，这有利于进一步理解智库的性质及其在政策制定、辅助决策中的作用，进一步提高智库服务能力。但由于我国智库评价体系发展较晚，因而不可避免地具有不足之处：一是专业化细分有待深化；二是评价主体缺乏协同与合作，仍须鼓励多元评价机构参与；三是智库评价的信度、效度、公信力有待提高，需要加强评估体系的透明度；四是对评价结果缺少科学运用；五是智库评价体系评判标准较为繁乱，有待进一步形成行业标准，推动"以评促建"高质量评估与发展。

第三节　新型智库的发展现状

智库是国家"软实力"和"话语权"的重要组成部分，对政府决策、企业发展、社会舆论与公共知识传播具有深刻影响。随着全球和中国经济社会的不断发展，我们面临着百年未有之大变局，对新型智库的需求发生了从"量"到"质"的转变，建设新一批具有世界影响力的新型智库，为党中央决策、为公众拓展思维和眼界、为社会提供多元化思想等协同创新，是建设现代社会主义强国的必然要求。

2012年11月，党的十八大报告提出"健全决策机制和程序，发挥思想库作用"，强调加快推进政府科学民主依法决策，这是中央文件中首次出现智库相关的概念。智库在政府决策过程中的重要性得到证实，中国特色新型智库建设正式吹起了"号角"。

2013年4月，习近平总书记对中国特色新型智库建设作出重要批示，明确提出要把中国特色新型智库提升到国家战略层面，并作为国家治理体系和治理能力现代化的重要组成进行系统布局。① 2013 年 5 月，时任国务院副总理刘延东在全国高校哲学社会科学工作座谈会上，重点强调高校哲学社会科学在中国特色新型智库建设过程中的重要作用。② 2013 年 11 月，党的十八届三中全会明确提出，加强中国特色新型智库建设，建立健全决策咨询制度，"中国特色新型智库"概念首次出现在党中央重要文件中，中国特色新型智库建设在制度层面成为国家战略方针。

2014 年 2 月，教育部印发了《中国特色新型高校智库建设推进计划》（以下简称《推进计划》）。《推进计划》从建设目标、主攻方向、建设思路、队伍建设、成果应用、管理方式、组织保障七个方面细化了工作内容，为高校智库建设提供了指导性意见，明确了新型高校智库的五大功能，即战略研究、政策建言、人才培养、舆论引导和公共外交。

2015 年 1 月，中共中央办公厅、国务院办公厅联合发布《关于加强中国特色新型智库建设的意见》（以下简称《意见》），这是中国特色新型智库建设的纲领性文件。《意见》对"中国特色新型智库"的概念作出了明确的界定，对其建设的指导思想、重要意义、总体目标和建设布局等关键问题作出明确指导。同时，还提出到 2020 年之前重点建设一批国家高端智库，构建中国特色新型智库发展新格局。至此，中国特色新型智库建设已经成为国家一项重大而紧迫的任务。同年 12 月，国家高端智库建设试点工作会议召开，标志着高端智库试点工作全面展开，中国特色新型智库建设作为国家战略已全面推进。

---

① 温勇，赵晨伊. 为中华民族伟大复兴提供强大智力支持——学习习近平关于加强中国特色新型智库建设的重要论述 [EB/OL]. （2018 - 12 - 29）[2024 - 03 - 10]. https：//www. dswxyjy. org. cn/n1/2019/0621/c428053 - 31174218. html.
② 发挥高校优势　为建设新型智库贡献力量 [EB/OL]. （2013 - 05 - 30）[2024 - 03 - 10]. https：//www. gov. cn/ldhd/2013 - 05/30/content_2415280. htm.

2020 年，中央全面深化改革委员会通过《关于深入推进国家高端智库建设试点工作的意见》，再次对建设中国特色新型智库作出重要部署。文件中提出要求高端智库须做到"精益求精、注重科学、讲求质量"，切实提高服务决策的能力水平，有力推动了中国特色新型高端智库建设。

2022 年，中共中央办公厅印发的《国家"十四五"时期哲学社会科学发展规划》提出，要加强中国特色新型智库建设，着力打造一批具有重要决策影响力、社会影响力、国际影响力的新型智库。

2023 年，国务院国资委印发了《关于中央企业新型智库建设的意见》。文件提出，到 2025 年，重点建设 5 ~ 10 家具有重要决策影响力、社会影响力、国际影响力的中央企业新型智库。力争到 2035 年，建成一批支撑世界一流企业发展的中央企业国家高端智库，全面建成中央企业新型智库体系。这为我国新型智库的未来发展提供了切实可行的方向步骤。近年来，随着 ChatGPT 的问世，人工智能在决策支持系统中的应用开始普及。构建一批以"智能化、无人化、客观化、实时化、高效化"为主要特征的新型智库，推动智库数字化转型，赋能中国特色社会主义智库体系建设，是推动智库现代化发展的必由之路。

政策的发布史也是智库的发展史，在不断深化完善的政策表述中可以窥见智库发展的进步。几十年智库的发展使我国智库数量从"绝代双骄"到"百花齐放"。但在智库建设成效显著的同时，我们也要看到智库发展中存在的"重专家阵容、轻主攻方向，重舆论传播、轻内容创新，重短期规模、轻长远布局"等问题。

2015 年，时任上海社会科学院副院长、智库研究中心主任黄仁伟在新浪智库启动仪式上发言指出当时中国智库发展的几个问题。其一是脱离实践，一股脑地研究重要政策，而不具有针对性地开拓自己的研究领域。把论文和专著放在第一位，"唯论文论"现象显著。其二是不具有前瞻性和及时性，未能准确抓住当下的焦点问题。其三是宏大叙事，"大家都做大题目，再小的智库也做最大的题目"。其四是专业化、国际化程度低，管理结构不合理。

在对中国智库当前存在的问题及党和政府对智库的管理需要加强等方面的调查中，结果显示中国智库当前存在的最突出问题就是智库研究人才匮乏、智库独立性不足、决策参与机制不健全。受访者表示"影响智库发展最主要的因素是研究成果契合政府和社会需要、有稳定的资金来源和有智库人才支撑。优秀智库的主要标准是有优秀的智库研究人才、有专业定位，能够对重大的理论及现实问题有前瞻性和预判能力"。而我国智库目前的全职管理人员少、考评模式僵化、宣传报道少都是造成智库人才活跃度不足的重要原因。除此之外还有资金不足、人员流动频率低、决策部门同智库的信息共享和互动交流少等问题，都需要加强重视。

习近平总书记在 2016 年哲学社会科学工作座谈会上对当前中国特色新型智库建设的不足做了评价，他说："有的智库研究存在重数量、轻质量问题，有的存在重形式传播、轻内容创新问题，还有的流于搭台子、请名人、办论坛等形式主义的做法。"①

对此，要加强智库的研究、管理建设，构建新型智库体系，应该从国家层面完善顶层设计，制定相关规范、激励与约束政策，打通阻碍人才流通的各种障碍和信息渠道。各智库应拓宽智库的资金来源，保障正常的资金供应，此外还要加强成果宣传与交流合作，提升国际化水平，提高传播力与影响力，建立健全智库评价体系，为智库的健康发展和良性竞争提供可依循的标准。

---

① 习近平在哲学社会科学工作座谈会上的讲话［EB/OL］.（2016 – 05 – 19）［2024 – 03 – 10］. http://jhsjk. people. cn/article/28361550.

3 第三章
品牌影响力评估：
内涵、模型与方法

第一节 品牌影响力的内涵

作为品牌建设的重要分支，品牌影响力随着品牌理论研究热度增加，在诸多领域受到重视。学术界对品牌影响力的定义较为零散，广泛认同的有资产价值说和能力说两种。资产价值说将品牌影响力及其未来价值视作一种品牌资产；能力说则将品牌影响力视作影响消费者的购买决策的能力，且对交易行为过程中的所有相关利益者产生直接影响。

品牌影响力的定义涵盖了品牌的认知度和相关性等多个方面，其形成是一个复杂的过程，涉及企业内外部多种因素的共同作用。品牌影响力的提出背景主要是经济全球化和市场竞争的加剧，特别是在中国加入 WTO 后，品牌竞争成为企业面临的主要挑战。

理论研究方面，品牌资产理论、品牌竞争力理论及品牌文化理论等为理解和评估品牌影响力提供了重要的理论支持。

品牌资产理论指出，品牌力是企业战略资产的重要组成部分，通过品牌传播、品牌延伸等方式提升品牌力。有专家指出，企业品牌力的评估不仅局限于与营销活动直接相关的领域，更涵盖了对公司整体品牌力的全面考量（Tsuda，2012）。品牌竞争力理论强调，品牌的营销价值和战略价值是品牌在市场中具有竞争优势的外在表现。

品牌竞争力来源于优质产品和强势品牌，在品牌资产形成过程中慢慢积累，以提升品牌的营销价值、战略价值的形式表现出来。品牌竞争力的重要体现，是品牌为企业带来超额利润的能力。因此，通过提升品牌资产，即增强品牌的财务价值、市场地位和消费者认知，企业可以有效提升其竞争力。

品牌文化理论认为，品牌文化的建设是品牌成功的关键。品牌文化包括企业文化、产品与服务、品牌个性和理念及品牌归属四个维度，以企业文化为基础，以产品和服务为载体，通过理念、个性、声誉等品牌精神的塑造，最终使用户对品牌产生归属感。在这一过程中，品牌文化的形成受到企业营销手段、社会潮流和消费者的共同影响。

品牌影响力的维度多元、体系庞杂。按照体系维度的建构层次差异，大体可以分为四维度说、六维度说、七维度说等。

1. 四维度说

代表性理论是凯文·莱恩·凯勒（Kevin Lane Keller）在 1993 年提出的 CBBE（customer - based brand equity）模型。该模型包括品牌认知、品牌关联、品牌价值和品牌忠诚度四个维度，已然成为该领域的权威学说之一。

（1）品牌认知（brand awareness）：这一层次标志着品牌影响力的起始点。在此阶段，消费者的首要任务是认知品牌的存在，主要关注品牌的知名度和可辨识性。品牌知名度是指消费者对品牌的感知程度，以及他们是否能迅速识别该品牌。这个层次着重强调了品牌在市场中的可见性，以及其在消费者意识中的位置。

（2）品牌关联（brand association）：在此层次，消费者开始将品牌与一系列特定的联想和印象关联起来。这些联想可能包括品牌的特征、形象、价值观等元素。消费者在这个过程中逐渐形成对品牌的情感和态度。这一阶段强调了品牌形象的建立，通过强化与消费者的情感和认知联系来塑造品牌的个性。

（3）品牌价值（brand meaning）：此阶段涉及品牌为消费者提供实际和情感上的价值。消费者开始将品牌与自己的需求、愿望和核心价值观联系起来。品牌不仅代表产品或服务，还承载了更深层次的意义、价值和认同。这一层次突出了品牌在满足消费者需求方面的作用，以及其在消费者生活中的意义。

（4）品牌忠诚度（brand resonance）：品牌忠诚度是 CBBE 模型的最高层次，代表了消费者对品牌的最高级别认知和情感联系。在这个层次，消费者与品牌建立了深厚的情感纽带，他们不仅愿意购买品牌的产品，还积极分享品牌体验，甚至成为品牌的坚定支持者。建立品牌忠诚度需要长期的品牌建设和管理，以确保持续的品牌连接和互动。

2. 六维度说

1991 年，戴维·阿克（David Aaker，1991）基于市场视角提出了品牌价值结构模型，该视角包含多种维度，有五维度、六维度、十维度等多种说法，他在《创建强势品牌》（*Building Strong Brands*）一书中重点阐释了六维度，即品牌资产（brand assets）、品牌认知（brand awareness）、品牌认同（brand identity）、品牌形象（brand image）、品牌忠诚度（brand loyalty）及品牌资产价值（brand asset value）等。

（1）品牌资产（brand assets）：品牌资产是指品牌的有形和无形元素，包括品牌名称、标志、口号、包装、声音标识等。这些元素构成了品牌的外在形象，可以在市场中被感知和识别。

（2）品牌认知（brand awareness）：品牌认知是指消费者对品牌的认知程度，包括品牌的知名度和可识别性。消费者需要知道品牌的存在并能够与其产生联系。

（3）品牌认同（brand identity）：品牌认同包括品牌的定位、使命、核心价值观和品牌文化。这是品牌的核心元素，定义了品牌的独特性和意义。

（4）品牌形象（brand image）：品牌形象是消费者对品牌的感知和印象，包括品牌的特质、声誉、关联和情感联系。品牌形象通常是通过品牌的营销活动和消费者体验来建立的。

（5）品牌忠诚度（brand loyalty）：品牌忠诚度是消费者对品牌的忠诚程度，包括重复购买、积极口碑传播、品牌推荐等行为。品牌忠诚度是品牌价值的高级阶段，代表了消费者对品牌的深刻连接。

（6）品牌资产价值（brand asset value）：品牌资产价值是品牌的经济价值，通常基于品牌对销售、定价、市场份额和盈利能力的影响来衡量。品牌资产价值反映了品牌对企业的贡献。

3. 七维度说

除了上述基于理论视角提出的模型和体系，还有不少基于实践与业务流程沉淀下来的经验集合，以七维度说为代表。

（1）品牌知名度（brand awareness）：一般而言，我们把它按照由低到高分为三个层次，依次是品牌识别、品牌回想和最先提及知名度。

（2）品牌认知度（brand recognition）：品牌认知度是我们用来衡量消费者对品牌内涵及品牌价值的认识和理解度的标准，是品牌资产的一个非常重要的组成部分。

（3）品牌美誉度（brand reputation）：品牌美誉度是品牌力的

重要组成部分之一，它是消费者自身对某一品牌所形成的好感程度和信任程度，也是现代企业组织品牌形象建设的关键部分。

（4）品牌偏好度（brand preference）：品牌偏好度是消费者对品牌选择意愿的了解，主要反映的是消费者对该品牌喜好程度的高低，也是品牌力的一个重要组成部分。

（5）品牌占有率（brand share）：一个品牌是否成功主要取决于这个品牌在整个市场上的占有率，这二者之间通常为相对的正比关系，市场占有率就是我们通常所说的市场份额。

（6）品牌满意度（brand satisfaction）：品牌满意度就是消费者做出购买行为后会对这个品牌的产品或服务的可感知效果与心理预期相比较，然后会形成开心愉快或伤心失望的心理状态。

（7）品牌忠诚度（brand loyalty）：品牌忠诚度是指消费者在做出最终购买决策的过程中所表现出来的对某个品牌所带有的明显偏向性的、非随意的行为反应。

可见，尽管存在"多种维度"，但是在核心维度体系上，不同学者、理论视角存在一定重合。我们可以认为，如果一个组织机构的品牌在上述多个维度均表现出优势，那么在同类品牌竞争中将处于领先地位，其传播力与影响力也会显著领先同类组织机构。

第二节　品牌影响力评估模型

一、用户/对象视角的国外品牌影响力评估模型

此类评估模型主要从品牌的实际价值体现影响力大小，具体

操作以品牌价值的提升为目标导向，如品牌价值结构模型、"基于顾客的品牌价值"模型、品牌价值十要素模型、品牌资产趋势模型等。

1991 年，阿克基于市场视角提出品牌价值结构模型，类似前述的"六维度"，具体包含五个影响要素：品牌忠诚度（brand loyalty）、品牌知名度（brand awareness）、感知质量（perceived quality）、品牌联想（brand association）和其他品牌资产（other proprietary brand assets），其中感知质量和品牌联想是品牌价值结构模型的核心要素。

凯勒的 CBBE 模型强调从消费者的角度出发，关注消费者对品牌的认知和感受，有助于企业更准确地把握市场需求和消费者偏好。在此基础上综合考虑品牌认知、品牌形象、品牌忠诚度和感知质量等多个维度进行评估，能够全面评估品牌的市场表现和潜在价值。该模型不仅提供了一种评估品牌资产的方法，还能够根据评估结果指导企业的营销策略，帮助企业提升品牌价值和市场竞争力。它已经成为战略品牌管理领域的权威模型，国内外许多经典教材也基本是围绕 CBBE 模型架构其学科体系，具有重要的参考价值。

1998 年，阿克为了使品牌价值结构模型更有可操作性，在之前模型的基础上提出品牌价值十要素模型。品牌价值十要素模型将原有的五个维度细化为十项具体测量指标，具体为品牌忠诚度、品牌知名度、品牌感知质量、品牌联想和市场状况五个维度。其中品牌忠诚度包含溢价、满意度/忠诚度两个测量指标；品牌知名度维度下的测量指标为品牌知名度；品牌感知质量维度包含品质认知、领导性/普及度两个测量指标；品牌联想维度包含感知价值、品牌个性、企业组织联想三个测量指标；市场状况维度包含价格和分销指标、市场份额两个测量指标。

品牌价值十要素模型能够全面考量消费者的主观能动性与市场绩效，同时兼顾企业的长远发展规划与短期经营目标，从而为企业提供品牌价值的精准评价。

品牌资产趋势（equi trend）模型由美国整体研究公司（Total Research）提出，通过每年调查 2000 位美国消费者来评估品牌资产。该模型主要衡量以下三项指标：消费者对品牌的认知程度、认知质量和使用者满意程度，其中认知质量是核心衡量指标。品牌资产趋势模型比较简单，而且能覆盖较广泛的品牌和产品种类，并且摆脱了传统的认知—回忆模型。但不足之处是太过依赖认知质量这项指标，由于认知质量和使用者满意程度两项指标的基数不一样，认知质量和使用者满意程度两项指标的相关性并不高；此外，该模型没有很好地解释"各项指标的权重是如何得到的，是否对于每一个消费者都是一样"的问题。

二、基于财务/货币化的国外品牌影响力评价体系

目前，从财务与货币化的角度开展的品牌影响力评价主要有六大体系，主要分布于美国和英国，均由营利机构建立，通过向企业提供评级服务、战略咨询、财务建议、税务咨询、品牌建设等业务而获利。这些机构的运营时间大部分长于 20 年，数据来源广泛，评价体系完备，评价类型多样，增值服务细分。

其中代表性较高的有英国品牌金融咨询公司（Brand Finance）、明略行市场咨询公司（Kantar Millward Brown）、国际品牌咨询公司（Interbrand）、未来品牌咨询公司（Futurebrand）、扬罗必凯公司（Y&R's BAV Group）、声誉研究所（Reputation Institute）六家机构，其评价体系对比如表 3 - 1 所示。

表 3－1 六家机构评价体系对比

机构名称	数据来源	评估模型及方法	评估特征
英国品牌金融咨询公司（Brand Finance）	专业数据咨询公司	品牌价值＝品牌未来销售额×特许权费率×品牌强度	数据模型评出具体价值
	问卷调查		
	上市公司官网、金融机构公开信息		指标确定品牌强度
	在线许可协议数据库		特许权费率来源于数据库
明略行市场咨询公司（Kantar Millward Brown）	彭博社	品牌价值＝财务价值×品牌贡献×品牌倍数	检视公司品牌结构
	Datamonitor		除去可能影响品牌化业务的理性因素
	BrandZ 数据库		把品牌收益的增长潜力考虑在内
国际品牌咨询公司（Interbrand）	消费者产品数据	品牌价值＝经济附加值×品牌作用力×品牌强度	数据模型评出其具体价值
	汤森路透公司		着重未来收益
	被评价公司的年报		考虑行业整体水平
	社交媒体信息来源		指标确定品牌强度
未来品牌咨询公司（Futurebrand）	来自 17 个国家满足一定条件的 3000 名成员	基于 18 个指标的品牌感知雷达图（指标：魅力、情怀、信任、持续性、无漏洞、人愉悦感、幸福、尊敬、目的、灵感、可靠性、创新、思想领导力、个性、不可缺少、资源管理、溢价）	问卷调查结果进行定量排列
			排名的方法论非常直观
			品牌感知体系与算法无关
扬罗必凯公司（Y&R's BAV Group）	调查数据来自遍布全球的 10000 名调查对象	通过四大维度定义优秀品牌，即差异性、相关性、尊重度和认知度	该模型建立了两个因子：①品牌强度，等于差异性与相关性的乘积；②品牌高度，等于品牌地位与品牌认知度的乘积

机构名称	数据来源	评估模型及方法	评估特征
声誉研究所（Reputation Institute）	Reputation Institute 声誉数据库	理论模型包括企业声誉景气度模型、国家声誉景气度模型、城市声誉景气度模型、企业社会责任声誉指数模型、企业声誉风险指数模型	评价方法为量化及定性研究 品牌的价值、作用可以通过声誉来体现 通过好感、信任、欣赏、尊重来描绘公司声誉

由表 3－1 可知，这些影响力较高的品牌影响力评价模型具有以下共同特点：从多个维度来评估品牌；数据来源具有多样性；具有全球视野和高度的专业性，能够为不同国家和地区的企业提供定制化的品牌价值评估服务。

此外，基于财务/货币化的国外品牌影响力评价体系还有 Financial World 评估体系、世界品牌实验室评估法等。

Financial World 的基本计算思路是：品牌价值＝品牌净利润×品牌强度系数。与市面上其他品牌价值评估机构把产品品牌和企业品牌混合的做法不同，该模型评估更专注于产品品牌而非企业品牌，具有更强的针对性和更具有可比性的评估结果。但模型中的品牌净利润由一系列基于行业数据的专家计算得出，在估值过程中依赖于专家的判断，受主观因素影响较强。

世界品牌实验室创造了"品牌附加值"（BVA）评估模型。该模型进行价值评估主要依据三个方面。第一方面以品牌领导力、品牌互动力、品牌趋势、品牌稳定性、品牌年龄、品牌行业性质和品牌全球化七个维度，结合第三方数据对品牌强度系数（S）进行评估；第二方面是对当年在内的公司前三年的营业收益、未来五年营业收益的预测作出合理化分析，运用"经济附加值法"（EVA）确定企业的盈利水平，得出调整后的年业务收益额（E）；第三方面为运用"品牌附加值工具箱"（BVA Tools）计算出品牌对目前收入的贡献程度，通过数理分析方法客观地预测企业今后一段时间内的盈利趋势及品牌贡献在未来收入中的比例，即品牌附加值指数（BI）。将三者相乘，就可估算出企业的品牌价值（BV），即：品牌价值（BV）＝调整后的年业务收益额（E）×品牌附加值系数（BI）×品牌强度系数（S）。

三、中国本土经验的品牌价值评估体系

中国本土品牌价值评估相对较晚，基本沿袭西方思路，大体遵循基于财务、消费者、企业和综合等视角的模型建构分析。关于品牌资产和品牌价值评估的相关研究在 20 世纪 90 年代陆续出现，但是少有开发理论模型，更少有实施品牌价值评估的机构等。大体上可以划分为官方和非官方两类，如表 3 − 2 所示。

表 3 − 2　　　中国本土官方/非官方品牌评价方式

评价机构	评价结果	性质
商务部	中国出口名牌、中华老字号	官方
国家质量监督检验检疫总局授予的中国名牌战略推进委员会	中国名牌产品、世界名牌产品	官方
北京名牌资产评估有限公司	"中国最有价值品牌"排行榜	非官方
中国品牌研究院	中国行业标志性品牌、中国品牌之都、全国重点保护品牌、中国最有价值品牌、商标 500 强、中华老字号品牌价值百强榜	非官方

官方机构中，商务部的品牌评价模型遵循市场导向原则、不增加企业负担原则和科学、公正、客观及择优原则；侧重于品牌

的国内外市场表现，包括用户的认知、选择、使用、评价和反馈状况，以及品牌的市场竞争能力、价值创造能力和长期发展潜力。中国名牌战略推进委员会以市场评价、质量评价、效益评价、发展评价四个维度对品牌进行评价，各维度内具有详尽的评价细则。

非官方评价机构中，北京名牌资产评估有限公司较早提出了评估方法。此法综合了 Interbrand 模型和世界金融评价法两种方法，并与中国的实际情况相融合。计算方法如下：品牌评估价值（P）=品牌在资本市场中的占有率（M）+品牌创造超额收益能力（S）+品牌资产的未来发展潜力（D）。

该方法可以根据我国的具体情况，对各个经济领域进行产业因子调整。但目前的研究主要基于 MSD 三项指标的总和，缺乏科学性，也没有将用户的因素纳入其中，且关于评估的具体标准、过程及如何确保评估结果的公正性和客观性等方面的信息披露不够充分，缺乏一定的客观公正性。

在评价的发展过程中，评估体系的科学性问题逐渐得到重视。之前的评估体系在价值判断和品牌定义方面出现问题，导致品牌评价维度和指标设计具有差异性，进而直接影响了评价结果的有效性、可靠性和适用性。为此，行业开始探索并逐渐形成了相关的国际标准和国家标准。

目前已有的被广泛接受的国际标准为国际标准化组织 ISO10668《品牌评估 品牌货币化评估要求》和国家标准《品牌评估 品牌货币化评估要求》（GB/T 29187 - 2012）。其中，ISO10668《品牌评估 品牌货币化评估要求》给出了品牌价值评估的基本原则，包括透明性、有效性、可靠性、充分性、客观性，并且提出在进行品牌评价时应考虑财务、行为和法律等因素。

2012 年 12 月 10 日，国家质检总局、国家标准化管理委员会发布了《品牌评价多周期超额收益法》（GB/T29188－2012）、《品牌价值要素》（GB/T29186－2012）和《品牌价值术语》（GB/T29185－2012）等国家标准。

目前，我国本土自主品牌评价标准体系建设初具模型，包括政府机构、行业协会、学术机构和商业服务机构等不同主体推出的各类标准，其中政府机构和行业协会提出的标准相对来说具有更大的影响力。

国家层面的国家标准实施和推广机构为中国品牌建设促进会，评价公式来源于《品牌评价　多周期超额收益法》（GB/T 29188－2012），该标准在 2022 年由《品牌价值评价　多周期超额收益法》（GB/T 29188－2022）全部代替。标准中的多周期超额收益法模型包含了评价年和评价周期、收入预测方法、评价周期内的永续增长率、行业平均资产报酬率、无形资产收益中归因于品牌部分的比例系数等参数。

评价公式来源于《品牌评价　多周期超额收益法》（GB/T 29188－2012）模型，即：

$$V_B = \sum_{t=1}^{T} \frac{F_{BC,t}}{(1+R)^t} + \frac{F_{BC,T+1r}}{(R-g)} \cdot \frac{1}{(1+R)^T}$$

式中，V 代表品牌价值；F 代表 t 年度品牌现金流；T 代表高速增长时期，根据行业特点，一般为 3～5 年；R 代表品牌价值折现率；g 代表永续增长率，可以采用长期预期通货膨胀率。

2017 年，中国品牌建设促进会正式推出"品牌价值五要素"的评价模型。五要素分别是：市场与财务、信誉与环境、心理与行为、功能与品质及技术与创新。

同时，来自政府机构的评价标准还有中国商业联合会主推的《商业企业品牌评价与企业文化建设指南》（GB/T 27925－2011）、国家工商行政管理总局"商标品牌价值评价研究项目"等。《商业企业品牌评价与企业文化建设指南》涉及以下五个要素：商业企业在品牌建设过程中所采用的方式、方法和形式；所使用的方式、方法与标准评分项要求的适宜性及有效性；各种方式、方法的可重复性，是否以可靠的数据和信息为基础；为实现标准评分项要求所采用方法的展开程度；品牌建设的当前水平和取得的效果与反映。

评价品牌的行业协会标准模型，有中国包装联合会发布的《中国包装优秀品牌认定标准》、中国市场学会发布的《中国企业品牌竞争力指数评价体系》、北京国新品牌评价科学研究院发布的《品牌资产质量（BAQ）利益相关方评价模型》、中国质量协会发布的《基于顾客感知的品牌评价指南》等。

《中国包装优秀品牌认定标准》中规定的优秀品牌评审标准包含五个维度：市场、品牌、管理维度、产品服务和环保公益。评价数据来源为企业提供数据和中国包装联合会数据库。

《中国企业品牌竞争力指数评价体系》采用的模型为"四位一体"CBI 理论模型。该模型以品牌财务表现力、市场竞争表现力、消费者支持力三个指标为基础，以品牌发展潜力为评价指标。CBI 理论模型以指数形式反映中国企业品牌竞争力强弱和品牌竞争力发展趋势的指数集合系统，包括企业品牌竞争力指数（CBI）、品牌竞争力分指数（CBI－X）、品牌竞争力应用指数（CBI－Y）、品牌竞争力分指标指数（CBI－Z）。

品牌资产质量（BAQ）利益相关方评价模型以品牌交易为导向，确立了品牌认知度、品牌参与度、品牌忠诚度三大品牌价值评价维度。三个维度各有 13 个二级指标，根据每个指标对品牌价值的贡献对 39 个影响因子赋予不同权重。

《基于顾客感知的品牌评价指南》采用品牌信息度量模型，规定了品牌经营数据的来源、品牌信息量的计算模型、品牌质量定量分析的指标和参数及评价阈值。模型评估内容包含品牌信息总量、质量比、均值比和稳定性。

第三节　品牌影响力评估方法

目前，主要的品牌影响力评估方法有成本法、市场法、收益法。除此之外，还有股票市值法、实物期权法、许可费节约法、层次分析法、忠诚因子法等。

1. 成本法

以成本法评估品牌影响力的基本观点是：品牌构建时的所耗成本决定品牌的影响力。构建品牌所耗成本越高，品牌影响力就越高。成本法以生产费用价值论为理论基础，其理论公式为：评估价值＝重置成本－实体性贬值－功能性贬值－经济性贬值。

成本法根据在建立品牌中投资的成本、替换品牌或复制品牌的成本来测量品牌的价值。根据不同的方式，可将成本法分为历史成本法、重置成本法和替代成本法。

历史成本法认为，资产的价值是由获取和建造资产的初始成本决定的。运用该方法评估时要注意品牌的实际投资成本，需要包括直到评价日期对建立和保护品牌所花费的所有费用。运用该方法评估品牌影响力时，要注意的一点是：统计品牌的实际投资成本，需要涵盖截至评估日期为止，所有用于建立和保护品牌的支出。在这一过程中，应确保对各项费用的全面、准确核算，以反映品牌价值的真实情况。但在物价变动的环境下，可能会对品牌影响力的评估产生偏差。

重置成本法旨在基于当前市场基础条件，精确计算重新构建一个品牌所需的成本。通过扣除折旧因素后得出品牌的净值，从而实现对品牌影响力的量化评估。其基本计算公式为：品牌评估价值＝品牌重置成本×成新率。重置成本法考虑了资产功能的变化、物价变动和资产成新率等因素，能够较为精准地评估品牌影响力。但该方法使用的资料多基于过去数据，很难反映品牌的未来盈利能力。

替代成本法把数据界定为在特定评价日期内，预估为重建一个与现有品牌相似的品牌的必需成本。计算需要充分考虑品牌认知、竞争优势等因素可能带来的潜在损失，并以此为根据进行必要的调整，能够考虑品牌之间的竞争关系和消费者的选择偏好。

综上所述，成本法有以下优点：操作简单，易于计量和确认；操作性强；可防止资产流失；可作为评价公司整体价值的基础等。但该方法对无形资产的价值估计不足，且忽视了资产的时间损耗。

2. 市场法

市场法采用量化手段，通过评估类似品牌在市场上的价格接受度，即其他购买者愿意为与该品牌相似的其他品牌支付的价格水平，进而估算该品牌的影响力。该方法的基本原则为：当市场中的总需求量超过了总供给时，市场中的供给和需求的改变会对品牌的价值产生影响。

市场法的基本思路是：通过市场调查选取合适参照物，比较评估对象和可比企业之间的因素对比，综合对比结果进行分析以评估其价值。该方法能够考虑消费者对品牌的认知和态度，进一步探究这些因素如何影响品牌的市场表现。但评估前提是品牌拥有活跃公开的交易市场，且能够在市场上找到参照品牌来比较相关指标和数据。

3. 收益法

收益法又称收益现值法，是指对一个品牌在一定时期内所产生的收益进行估算，从而对其将来可能产生的预期收益能力进行估算。作为一种动态评估模型，收益法能够对某一品牌的成长潜力进行全面预测。使用收入法时应该注意贴现率、税率、可用经济寿命、长期增长率等变量的确定。运用收益法进行品牌价值评估，既能考虑企业的品牌权益变化，又能充分考虑企业的实际经营价值。运用收益法来评估品牌资产最大的优点是它体现了品牌资产未来获利能力这一本质特征。

在具体计算中，收入法又可细分为贴现现金流量法、经济增加值法、多周期超额利润法、溢价法、批量溢价法、收入分成法、增量现金流量法、特许使用费免除法等。其中最常见的方法是贴现现金流量法与经济增加值法。

贴现现金流量法（discounted cash flow，DCF）主要从企业的实际价值体现品牌影响力大小。基本思路是估计出公司资产在一定时间内创造的自由现金流，并确认贴现率，从而计算公司价值。该方法注意公司在未来的收益能力，但使用起来较为复杂，不适用于当前存在经营困难的品牌，也难以估计尚未利用的无形资产。

经济增加值法（economic value added，EVA）通过计算公司税后净营业利润减去所有资本费用的余额来估计品牌价值。该方法能够直观反映要素对价值的影响作用，应用起来较为简单。但该方法的诞生与美国会计实务紧密相关，在我国使用时需要注意根据实际情况调整指标。

收益法细分下的其他评估方法如表 3-3 所示。

表 3-3　　　　　品牌影响力收入法评估方法

评估途径	方法描述	适用范围	考虑因素	法律与行为	数据来源
收入法之溢价法	通过参考品牌产生的溢价估计品牌的价值	需要无品牌产品用来比较，或用品牌优势最低的品牌产品替代	是否要节约成本从而采用批量溢价法、品牌的可用经济寿命	品牌强度，包括感知度和忠诚度等	企业现金流量数据、评价人员识别

续表

评估途径	方法描述	适用范围	考虑因素	法律与行为	数据来源
收入法之批量溢价法	通过参考产生的批量溢价估计品牌价值	为了节约成本且市场份额带来的现金流量可计算	不完善市场中垄断等情况、市场份额较大或市场份额上升较快、品牌的可用经济寿命	品牌强度，包括感知度和忠诚度等	企业现金流量数据、评价人员识别
收入法之收入分割法	评价归因于品牌经济利益部分的品牌价值的现值	行为导致的收益变化可计算	品牌的可用经济寿命、消费者行为	用户重复购买、口碑	企业资本占用费、净经营利润、评价人员识别
收入法之多周期超额利润法	扣除经营企业所需的所有其他资产的收益后评价品牌价值的将来残余现金流量的现值	有形资产和无形资产的资本成本可分离计算	折现率、品牌的可用经济寿命	无形资产相关行为	企业内部数据、评价人员识别
收入法之增量现金流量法	与没有品牌的企业比较，计算收益增量和成本减少	可以找到没有此种品牌的企业	收益增加、成本降低、品牌的可用经济寿命	确定可归因于品牌的货币比例	企业收益或成本降低数据
收入法之特许使用费免除法	假设并不拥有品牌而是通过特许使用权使用品牌，通过节省特许使用费的现值	特许权使用费确定	特许权使用费、品牌的可用经济寿命	特许权使用和直接品牌对利益相关者的影响	市场通行费用、现有使用特许权经营的企业

4. 股票市值法

股票市值法将品牌影响力与上市公司在股市中的表现联系起来，通过分析品牌对股东价值（即股票市值）的贡献来评估品牌价值。该方法认为，强大的品牌不仅能够为股东带来更高的回报，而且还能以较低的风险实现这一目标。基本评估思路是以公司股价为基础，先分离有形资产和无形资产，再从无形资产中分解出品牌资产。

5. 实物期权法

实物期权法的核心在于考虑品牌持有者在面对未来不确定性时所拥有的选择权，即根据市场条件的变化决定是否扩大、缩减或放弃某项投资的权利。该方法通过将品牌价值分为现有市场价值和期权价值两个部分来实现这一点。现有市场价值是基于当前市场条件下品牌能够带来的收益，而期权价值则是基于品牌未来发展的潜在收益。该方法适用于具有高不确定性和灵活性的品牌资产评估，能够更全面地评估品牌价值。

6. 许可费节约法

许可费节约法基于收益法的原理，通过参考虚拟的许可使用费价值来评估无形资产价值。由于大多数无形资产主要用于许可授权，当市场上有类似的授权信息可以参照时，许可费节约就可以运用。基本思路是确定许可费比率，根据现金流量和其他因素来计算净现值，即品牌价值。

7. 层次分析法

层次分析法（analytic hierarchy process，AHP）是一种多准则决策分析方法，它通过将复杂的决策问题分解为目标、准则和方案三个层次，然后利用成对比较的方法确定各层次元素的相对重要性，最终综合评价出最优方案。该方法的优势在于其结构化和系统化的分析过程，能够将复杂的评估问题分解为多个层次和因素，使评估过程更加清晰和有条理。通过构建品牌竞争力评价指标体系，并运用层次分析法计算各指标的权重，可以对企业的品牌竞争力进行科学准确的综合评价。

第四节 智库影响力评估已有模型与算法

以智库为评估对象，国内外涌现出一大批有影响力的评价体系和评估模型。本部分重点梳理并总结国内外智库品牌影响力评估的典型案例，提炼总结典型做法，为开发建构相关模型提供案例与实践支撑。

1. 中国社会科学院：《人文社会科学智库评价指标体系》国家标准

2021年5月21日，国家市场监管总局和国家标准委员会批准通过《人文社会科学智库评价指标体系》（GB/T 40106 - 2021）国家标准，该标准在结合国内外智库评价指标体系研究和应用的最新进展基础上，构建定性和定量的评价指标体系，运用第三方的主观评价与客观评价相结合的方法，旨在创建一套具有科学性、权威性、指导性、针对性、工具性及可操作性，兼顾整体的通用性与差异性的智库评价指标体系。

人文社会科学智库评价 AMI 模型主要从吸引力、管理力和影响力三个层次对智库进行评价。AMI 模型如图 3 - 1 所示。

AMI 模型共分为 3 个一级指标和 14 个二级指标，其中一级指标包括吸引力、管理力和影响力。在吸引力维度下设置 4 个二级指标：声誉吸引力、人才吸引力、资金吸引力、环境吸引力；在影响力维度下设置 4 个二级指标：政策影响力、学术影响力、社会影响力、国际影响力；在管理力维度下设置 6 个二级指标：组织架构、管理系统、人员、组织文化、价值观、研究能力。

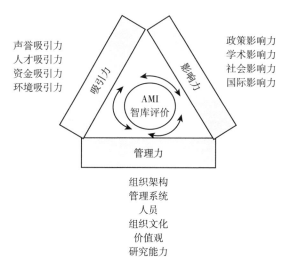

图 3-1　人文社会科学智库评价 AMI 模型

值得关注的是，该指标体系的设计在每个维度上都试图找到支撑的逻辑，在实际评估中，强化与理论的对话，如管理力下设的六个指标就是参考借鉴了 7S 理论，即战略、组织、系统、人员、风格、价值观和技术。

2. 四川省社会科学院与中国科学院成都文献情报中心：《中华智库影响力报告》

该智库影响力评价指标体系包括三级指标，其中一级指标 5 个，分别为：决策影响力、舆论影响力、社会影响力、专业影响力和国际影响力。指标体系如表 3-4 所示。

表 3-4　　　　　　　中华智库影响力评价体系

一级指标	二、三级指标及特征
决策影响力	政策导向、政策制定和政策评估的能力
舆论影响力	传播平台：智库机构承办网站；智库专家接受媒体采访报道的频度 传播内容：对突发公共事件的舆论导向；对重要议题的舆论导向 传播效果：智库官方微博；智库机构官网访问情况
社会影响力	公众影响力：智库机构或专家举办公益性讲座；智库公众知晓及认同状况 助推发展力：助力社会发展政策导向；智库出版的皮书 创新支撑力：智库专家获得的专利授权；智库获得的省部级以上奖励

续表

一级指标	二、三级指标及特征
专业影响力	思想启迪能力：顶级专家及精英学者 知识编码能力：国家级课题立项；智库专家在国内发表的高质量论文；智库专家在国内报纸发表的文章；公开出版的学术专著 创意扩散能力：智库举办的全国性专业学术会议次数；智库自办刊物
国际影响力	成果影响：科学引文索引和社会科学引文索引收录论文；论文国际总被引 国际声誉：智库举办的国际会议；国际合作、学术交流和外脑使用

其中，决策影响力是指智库专家参与政策导向、政策制定、政策实施或政策评估，为决策者提供专家意见、辅助决策的能力。舆论影响力是指智库机构或者专家在传播言论过程中影响和改变公众思维、决策与行动的能力。社会影响力是指智库机构或智库专家服务经济社会发展的能力，表现在对公众意识与行为的引导、助力科技进步、帮扶弱势群体等方面。专业影响力是指智库机构或智库专家以专业性、科学性及前瞻性的研究赢得关注和提升公信力的能力。国际影响力是指智库的国际知名度和国际声誉，是智库的学术成果和交流活动在国际产生的影响。

3. 上海社会科学院智库研究中心：《中国智库影响力评价指标体系》

该评价指标体系借鉴约翰·加尔通的社会结构理论，结合中国国情，把智库影响力分解为决策影响力、学术影响力、社会影响力和国际影响力四个方面。首先，决策影响力是智库的核心影响力，也是智库直接发挥作用与功能的有效途径。其次，学术影响力是支撑公共政策研究权威性、公信力的重要依据，社会影响力是体现智库思想观点传播能力的重要方面，国际影响力是智库发挥影响力、提高国际话语权的关键。此外，智库的成长能力主要着眼于智库属性、人力资本、已掌握的社会资源、运作机制，以及未来的成长前景等，如表3-5所示。

表 3 - 5　　　　　　　中国智库影响力评价指标体系

一级指标	二级指标	三级指标
1. 决策影响力	1.1 领导批示	国家级领导批示（件/年）、人均批示量
		省部级领导批示（件/年）、人均批示量
	1.2 建言采纳	全国政协、人大及国家部委议案采纳、人均采纳量
		地方政协、人大及委办局议案采纳（件/年）、人均采纳量
	1.3 规划起草	组织或参与国家级发展规划研究、起草与评估（件/年）
		组织或参与省部级发展规划研究、起草与评估（件/年）
	1.4 咨询活动	国家级政策咨询会、听证会（人次/年）
		省部级政策咨询会、听证会（人次/年）
2. 学术影响力	2.1 论文著作	人均智库与学术论文发表数（篇/年）
		人均智库与学术论文转载数（篇/年）
		公开出版的论文集或智库报告（册/年）
	2.2 研究项目	国家社科/国家自科重大（重点）项目数（项/年）
		中央和国家交办的研究项目（项/年）
		地方政府交办的研究项目（项/年）
3. 社会影响力	3.1 媒体报道	在国家主流媒体发表评论文章（篇/年）
		在地方主流媒体发表评论文章（篇/年）
		参与主流媒体的访谈类节目（次/年）
		具有重大影响的媒体报道（次/年）
	3.2 网络传播	智库主页点击率（累计，次）
		移动公众平台（微信）关注度（累计，人次）
4. 国际影响力	4.1 国际合作	理事会/学术委员会中聘请外籍专家的人数占比（%）
		在世界主要国家设立分支机构（是/否）
		与国际智库合作项目数（项）
	4.2 国际传播	在国际主流媒体发表评论文章（篇/年）
		被国际著名智库链接（是/否）
		智库英文名在主要搜索引擎上的搜索量
5. 智库成长能力(参考指标)	5.1 智库属性	智库成立时间（年）
		行政级别（部/厅局/县处/县处级以下）
		研究专业领域
	5.2 资源禀赋	研究人员规模（领军人物、团队结构合理性等）
		研究经费规模（万元/年）
		研究经费来源中财政资助占比（%）

4. 南京大学中国智库研究与评价中心:《CTTI 来源智库发展报告》

南京大学中国智库研究与评价中心提出 MRPAI 智库测评模型,CTTI 一期该模型设置了 4 个一级指标,19 个二级指标。4 个一级指标分别是治理结构(M)、智库资源(R)、智库成果(P)、智库活动(A),命名为智库 MRPA 测评指标。在后续发展过程中,评价中心推出了 CTTI 二期,增加了 1 个一级指标 I(智库媒体影响力),最终命名为智库 MRPAI 测评指标,如表 3 − 6 所示。

表 3 − 6　　　　　　　　　智库 MRPAI 测评指标

一级指标	代码	二级指标	代码	计分规则	分值
治理结构	M	理事会(董事会)	M1	有则赋值	15
		学术委员会	M2	有则赋值	10
		咨询/顾问委员会	M3	有则赋值	10
		管理团队/首席专家	M4	有则赋值	10
		国家高端智库	M5	是则赋值	100
智库资源	R	年度预算	R1	≤100 万元	20
				每增加 10 万元赋值	1
		科研人员	R2	≤10 人	40
				每增加 1 人赋值×分	2
		行政人员	R3	≤5 人	20
				每增加 1 人赋值×分	1
		网络资源	R4	有中文门户	20
				有英文门户	8
				有微信公众号	8
				有官方微博	5
				有专门数据采集平台	10
智库成果	P	单篇内参(无论是否被批示)	P1	按篇赋值	2
		被批示内参	P2	正国级/每条	30
				副国级/每条	20
				省部级/每条	10
				副省部级/每条	5

续表

一级指标	代码	二级指标	代码	计分规则	分值
智库成果	P	智库主办/承办期刊	P3	每种 CSSCI 来源刊	20
				每种普通期刊	10
				每种通信/内参集	8
		图书（正式出版）	P4	每种赋值	2
		研究报告	P5	每份赋值	4
		《人民日报》、《光明日报》（理论版）和《求是》杂志文章	P6	每篇赋值	5
		论文	P7	CSSCI 来源刊论文/每篇	1
				SSCI/A&HCI 收录/每篇	2
				CSCI/EI 收录/每篇	1
				其他普通论文/每篇	0.5
		纵向项目	P8	纵向—国家社科重大/教育部社科重大	10
				纵向—国家社科重点/国家自科重点	6
				纵向—国家社科一般项目/青年项目	4
				纵向—省部级项目	2
				纵向—其他	0.5
		横向项目	P9	每项基本分 2 + 每 10 万赋值	1
智库活动	A	会议	A1	主办承办全国性会议/每次	10
				省区市一级会议/每次	5
				国际性会议/每次	10
				其他会议/每次	3
		培训	A2	全国性培训活动/每次	8
				其他层次培训	2
		调研考察	A3	接受副国级领导以上调研活动/每次	15
				接受省部级领导/专家调研/每次	5
				接受其他层次领导/专家调研/每次	2
				外出调研考察	1

5. 美国宾夕法尼亚大学：全球智库指数（Global Go - To Think Tanks Ranking）

该指数由智库与公民社会计划（Think Tanks and Civil Societies Program，TTCSP）开发。自 2010 年起，该指标会交由包括政治家、科学家、智库金主、智库等使用"三阶段调查"（three - phase survey）以决定智库排名，指数被认为是世界上最权威的智库排名报告，其优势在于长期的数据积累——早在 1989 年就已启动，拥有覆盖全球 8000 多家智库的数据库。2021 年项目领导人詹姆斯·迈甘博士去世后，报告停止发布。该指数的一级和二级指标设置如表 3 - 7 所示。

表 3 - 7　　　　　　　　全球智库指数

一级指标	二级指标
资源指标	招募并留住顶尖学者和分析师的能力 资金支持的水平、质量和稳定性 接近和访问决策者及其他政策制定者的能力 具有进行严谨研究，并进行及时精准分析的员工 机构的市值 网络的高质量与可靠性 与政策学术界和媒体联系紧密效用指标
效用指标	被政府精英和媒体列为"go to"的组织 媒体披露和引用、网站点击、立法和执行机构的前期调查中出现的质量与数量 被政府官员或政府机构邀请参与的简报会、官方会议或咨询 书籍出售 报告发布扩散 在学术和流行出版物，以及与会者参加会议和研讨会上被用来研究与分析的参考文献
产出指标	政策建议和产生新观点的数量与质量 出版产品（书籍、期刊文章、政策简介）的数量和质量，进行新闻采访的数量和质量 简报会、会议和研讨会的数量与质量 被题名为顾问或政府职位的工作人员的数量和质量

一级指标	二级指标
影响指标	被政策决策者或民间社会组织审议或通过的建议发行物的网络中心性 对政党、候选人、过渡团队的咨询作用 授予的奖项 在学术期刊、公众宣言和媒体上发布或引用的可以影响政策辩论和决策的出版物 邮件列表和网站的优势 成功挑战政府机构和民选官员的传统智慧与标准化操作流程

需要指出，TTCSP 还建构了 Lauder 评估模型，只不过在公开报告中运用较少。Lauder 评估模型主要关注对智库的定性评估，包括对智库的声誉、独立性、政策影响力和质量的评估。评估过程通常涉及定性调查、专家意见和主观判断，而不是量化数据。Lauder 评估模型不涉及具体的排名，而是提供了关于智库质量和影响力的深入描述。全球智库指数则是该模型的互补品牌，不过全球智库指数报告尽管全球知名，但也遇到了一些批评意见，主要集中在它的评价体系和评价方式上。一是该智库报告难以获取世界各国智库的重要数据；二是智库成果的重要性难以判断；三是智库学术表现和声誉判定依据的科学性值得怀疑。

6. 浙江大学：《全球智库影响力评价报告》

该指数报告是由浙江大学信息资源分析与应用研究中心（CIRAA）依托中国工程院"中国工程科技知识中心"建设项目推出的评价体系，直接对标美国宾夕法尼亚大学的全球智库指数。项目组在调研国内外智库排行的研究与发展现状的基础上，对指标体系和影响力构成进行比较研究，建构了一个相对合理、客观、透明、覆盖全球智库排行评价的 RIPO 指标体系。自 2017年始，项目组每年发布《全球智库影响力评价报告》，该报告是全球范围内首次完全基于客观数据，以数据公开、面向世界、评价透明、计算可重复为原则，对全球著名智库活动进行的数据驱动范式的综合性评价与评级。

该指标体系由 4 个一级指标构成，分别是智库资源（resource indicators，R）、智库影响力（impact indicators，I）、智库公共形象（public image indicators，P）、智库产出（output indicators，O）。一级指标下设置二级指标 10 项，二级指标下设 22 项三级指标。

智库资源（R）：即智库机构存在和发展的支撑要素。包括研究人员比例、组织架构的独立性完整性、制度的完备性、资金收入及来源等。现代智库研究呈现多主题、多元化的特点，大量研究需要综合的资源力量，同时智库的规模仍然是公众判断其研究实力的可测度的指标。资源力反映了机构资源投入程度，从某种意义上说资源投入应与产出呈正比例关系。

智库影响力（I）：即智库机构在国内外的影响力。包括与政府及决策者关系、同行评议、国际影响力、开放性等。影响力是智库活动的结果，智库在政界、学术界和行业界的影响力是智库评价的重要指标。

智库公共形象（P）：即智库机构在外界的展示度。包括纸媒曝光次数、知名搜索引擎搜索量、社交媒体粉丝数量、网站等。现代智库越来越重视通过网络、新媒体平台来宣传其自身政见，引导公共舆论。

智库产出（O）：即智库机构直接的学术成果和政策研究成果产出。包括政策产出、学术产出等。生产力是智库的核心元素，展现智库政策转化能力。

7. 其他类别智库排名模型与算法

（1）清华大学智库大数据指数（CTTBI）报告。"中国智库大数据指数"（Chinese think tank big-data index，CTTBI）（见表 3-8）由中国智库微信引用影响力、中国智库微博专家影响力和中国智库微信公众号影响力 3 个一级指标构成，每个一级指标下面有若干个二级指标。该模型主要依赖清博大数据，以微博、微信数据为基础，主要反映"双微平台"的影响力。

表3-8 中国智库大数据指数

一级指标	二级指标	权重（%）	Log(n+1)	0-100 标准化
中国智库微信引用影响力，33.33%	活跃微信空间中引用智库的文章数加总	40	√	√
	活跃微信空间中引用智库的文章阅读数加总	20	√	√
	活跃微信空间中引用智库的文章点赞数加总	20	√	√
	活跃微信空间中引用智库的文章位置重要性（8篇中位置）	20		√
中国智库微博专家影响力，33.33%	专家历史粉丝数加总	40	√	√
	专家当年发博数加总	10	√	√
	专家当年所有博文的转发数加总	20	√	√
	专家当年所有博文的评论比例	10		√
	专家当年所有博文的点赞比例	10		√
	专家当年所有博文的转发比例	10		√
中国智库微信公众号影响力，33.33%	公众号当年发布文章的数量加总	10	√	√
	公众号当年所有文章的阅读数加总	20	√	√
	公众号当年所有文章的点赞数加总	20	√	√
	公众号发布文章的频次（总发布次数/监测天数；普通公众号每天限发1次，特殊公众号不受此规定限制）	10		√
	公众号发布文章的容量（文章数/总发布次数；普通公众号每天限发8篇，特殊公众号不受此规定限制）	10	√	√
	公众号发布文章的头条点赞比	10		√
	公众号发布文章的单篇阅读比	10	√	√
	公众号发布文章的单篇点赞比	10	√	√

（2）方略研究院、长江教育研究院：全球教育智库影响力评价PAP研究报告。该评价模型以社会结构的影响力分析框架为理论基础，从决策影响力（political influence）、学术影响力（academic influence）和大众影响力（public influence）三个层次

对全球教育智库进行评价研究，并从这三个层次对中外知名教育智库表现进行比较分析，为提升我国教育智库影响力提出若干建议。

（3）中国大学智库评价"三维（FAC）模型"。该模型以大学智库为评估对象，基于中国高校智库评价的理论建构和学理逻辑，提出了一个新型指标体系——"三维（FAC）模型"和指标体系。"三维"包括契合度、活跃度、贡献度。契合度（fitness）是评价高校智库对基本标准与任务要求满足程度的重要维度和指标；高校智库的活跃度（activity）代表其在媒体上的传播能力及社会影响力；高校智库的贡献度（contribution）代表其对社会产生的效益和影响，具体表现为对党和政府科学决策提出前瞻性、针对性、储备性政策研究成果及专业化、建设性、切实管用的政策建议的质量和数量，以及研究成果的认可程度、政府采纳程度、社会影响程度和理论引领程度。

（4）智库网络影响力评价指标体系。智库网络影响力评价指标体系由3个一级指标（智库网站建设、智库网络传播、智库新媒体）和7个二级指标组成。二级指标分别从网站规模、网站反链数、网页显示度、网络学术显示度、网络新闻曝光度、微信指数和微博粉丝数七个方面进行评估。

4

第四章
智库品牌影响力评估算法构建

第一节　评价指标体系的建构原则

1. 目标导向原则

智库影响力评价体系的建构，其根本目的在于通过全面系统科学的评价，合理配置我国智库发展资源，精准把握当前智库高质量发展的现状、问题、机遇、挑战，全面提升我国智库在科学研究、服务中心工作中的实际效能，切实发挥智库的社会功能。这一明确的目标决定了评价体系的建构思路、方法路径，一切都要围绕这一目标导向推进，突出重点，服务大局。

2. 科学客观原则

一个有效的智库影响力评价体系、评估模型，需要兼具科学性和客观性。要通过科学的理论引导，采用准确可靠的方法，得出客观的体系模型。评价体系的科学性体现在指标的合理性、权重的准确性等；客观性则要突出立场客观、指标含义明确、数据获取测量得到的结果客观可验证等。

3. 全面系统原则

智库影响力评价体系的指标要全面，涵盖多种形态智库（大学智库、企业智库等），尤其在当下技术数据驱动的自媒体、社交媒体盛行的传播环境下，既要关注传统的评价重心，如成果产出、服务决策等，也要覆盖新兴媒体平台，关注网络传播力、网络美誉度；既要关注媒体组织，也要注重跨国企业甚至公民个体等。各类指标一要全面覆盖，二要层次分明，三要准确互斥（不能相互重叠、指标重复），体现系统性原则。

4. 实用性/可操作原则

评价体系建构过程中，指标要设置有效、合理、可量化可测量，易于操作；数据来源可得和可靠、测量有信度和效度、数据采集和统计处理易行。评价体系要拿来能用，用之有效，不能宽泛模糊，语焉不详，无法落地，不能实操。

5. 延展性/发展性原则

智库影响力的评估影响要素多元，众多因素都会随行业特点、国内外局势不断调整变化。评价体系也应保持相关的延展性，能够与时俱进，不断根据环境调适、优化，体现评价体系的发展性。在指标维度和权重赋值上要充分考虑延展性、发展性的原则，不能完全固定、一成不变，要从结构上适时完善和改进评估体系。

6. 定性定量相结合原则

智库影响力的评估维度中，有些可以量化，有些难以量化；有些需要定性判断，有些需要专业评估。因此，指标建构既不能完全定性判断，随意主观；也不能唯数字是从，缺乏主观能动和管理思维目标导向。在设计指标体系时，既要考虑定量指标，也要兼顾定性指标，做到定量与定性科学结合。

第二节 指标建构采用的研究方法

1. 访谈法和问卷调研

采用访谈法、焦点小组访谈及问卷等研究方法，对智库品牌、智库研究员、相关学者进行访谈和小组座谈，或通过问卷收集一手资料。

2. 列名小组法/德尔菲法

通过列名小组法，征询专家学者意见，对指标维度体系进行优化。同时，该方法还在模糊层次分析、模糊综合评价等过程中发挥作用，用以获取专家的评估数据。

3. 模糊层次分析与模糊综合评价

邀请专家学者对指标体系的各层次、各因素相对重要性进行评定，利用模糊层次分析法进行指标体系建构，最终形成智库品牌影响力评估指标体系。邀请专家针对典型智库进行评价，采用模糊综合评价方法得出智库品牌影响力现状。

第三节 评价指标维度的确定

指标体系的维度建构有多种方法。

第一种来自经验或源自理论。实践操作中很多评价体系都是根据日常工作经验，通过归纳的方法或者借助特定理论形成的。通常将品牌影响力进行操作化界定，形成不同的解释维度，根据不同维度进而设置更加精细的二级、三级指标。

第二种方法是专家咨询。通常对拥有相关领域丰富经验的管理者、从业者，或者相关领域的研究者，进行专家咨询。专家咨询通常解决两个问题：一是针对特定研究对象评价体系的指标建议，即邀请专家根据各自理解提供维度和指标；二是在初步形成指标体系的基础上，请专家进行修订，包括维度设置的合理性、不同指标之间是否存在包含、重叠、互斥等关系，是否存在遗漏、表述语义模糊等，以优化指标维度。

第三种方法是基于过往文献、体系的整理整合。通常会对同一对象的评价体系或相近评估模型进行借鉴分析，提炼其中的合理性因素，删减或增加新的指标，重复进行专家咨询等过程，提出新的指标体系。但在新的指标体系形成后，往往需要进行信效度的检验，包括因子分析、主成分分析等具体的统计研究方法。

第四种基于扎根理论的方法。该方法属于典型的探索性的研究方法，即将社会科学质性研究中的扎根方法用于指标维度的建构流程，一般适用于前期研究成果较少、相关领域研究缺失的新的研究对象。通过对经验材料的整理，依据扎根理论对样本进行标签化、范畴化两次分类处理，并建构理论，以得到更加平衡、全面的舆情应对评价指标体系的理论模型。

本研究以品牌影响力的 CBBE 模型为基础，以智库评估的国家标准为坐标，参考国内外已有智库影响力评估模型，尤其关注中国特色的高端智库评估目标，在前述相关理论、已有模型之上，综合能源类高端智库案例分析对比的实际情况，结合部分典型组织机构的品牌影响力实践报告、已有品牌影响力评估模型等经验材料，初步探索形成高端智库品牌影响力评估模型的维度。

第四节　指标权重与模糊综合评价

在指标体系的权重确定方法上，除了主观赋值、经验赋值外，还有一些各有侧重的常用方法，包括德尔菲法和层次分析法相结合的方法、主成分分析法、因子分析法、人工神经网络方法（back propagation，BP）网络、基于灰色系统理论的评价方法等。

根据相关方法和实践中的优势劣势，绘制主流方法的特征如表 4 - 1 所示。

表 4 - 1　　　　　　　　　　　权重计算主流方法

方法	优势	劣势
因子分析	传统的经典统计方法，对可能相关的变量之间进行数学变化，使之相互独立；最后对主因子计算综合评价，降低不同指标维度之间的相关性影响	对原始数据质量有一定要求；对因子选择不同可能导致排序差异，影响结果
主成分分析	与因子分析有相似之处，利用降维思路，从数量较多的变量中筛选出重要的、独立的综合因子	对原始变量和数据性质有很高要求，如彼此独立则无法采用该方法
层次分析法	成熟经典的方法，适用于多目标、多维度的决策问题分析，两两比较、数学计算，形式直观、流程清楚	需要专家打分比较维度之间的重要性，难免存在主观性；维度较多时易出问题
模糊层次分析法	（相对于层次分析法）引入模糊数学理论，一致性检验更方便、过程更简洁，对多个维度判断的依据更加科学有效	依然需要依赖专家比较，有主观性；但可解决多个维度引起的思维不一致问题

BP 神经网络方法和基于灰色系统理论的评价方法在品牌影响力的评价体系中较少采用，前者具有信息并行处理和自学习、自组织、自适应能力及强大的非线性处理能力等特点，后者对样本含量要求不高但分辨系数选择主观性强、权重归一化操作或取平均值均影响准确性。根据本次研究对象的特征，结合实际条件约束，本研究将采用德尔菲法和模糊层次分析法相结合的指标权重确定方法。

在模型算法的评价方法上，本研究将在上述模型算法确定后，采用模糊综合评价方法开展评估。模糊综合评价法是依托模糊数学的兴起而产生的一种评价方法。1965 年，美国加州大学的控制论专家扎德（L. A. Zadeh，1965）教授发表了《模糊集合》（*Fuzzy Sets*）的论文，第一次运用精确的数学方法描述了模糊概念，进而宣告了模糊数学的诞生。基于此理论基础，我国汪培庄教授提出了模糊综合评判模型，该模型得到迅速发展并被用于各行各业。模糊综合评价的基本思想就是利用模糊线性变换原理和最大隶属度原则，考虑与被评价事物相关的各个因素，对其做出合理的综合评价。具体方法主要分为两个部分：第一部分先按单个因素进行评判，第二部分再按所有因素进行综合评判（详见后续评估附表）。

5

第五章
智库品牌影响力评估
模型建构过程

本部分将结合品牌影响力支撑理论与相关智库案例实际情况，进行模型建构并形成评价指标体系。本项目以品牌基础理论与品牌影响力相关研究为基础，依托《人文社会科学智库评价指标体系》（GB/T 40106 – 2021），整合国内外十家智库评价指标体系，构建了一种基于模糊层次分析法（FAHP）与模糊综合评价（FCEM）的智库品牌影响力评价指标体系。按照评估体系的原则与方法，基本思路是：第一，确定模型的目标层、准则层，形成一二级指标；第二，针对准则层的操作化界定，形成指标层（因子层）；第三，采用德比克方法对初步形成的多指标综合维度进行专家优化；第四，基于模糊层次分析法进行权重计算；第五，形成评估模型建构，确认评价方法。

第一节 构建模型目标层、准则层

本研究构建的维度与指标如表 5 – 1 所示。

表 5 – 1　　　　　　　　　　模型目标层、准则层说明

目标层	准则层	维度指标描述
智库品牌吸引力（institutional reputation and attractiveness）	品牌声誉（reputation attractiveness）	智库在决策者和学者中的声誉
	专业人才吸引力（talent attractiveness）	智库吸引并保留的领先学者和分析师的数量与质量
	资金稳定性（financial stability）	智库的财务支持水平和稳定性
	政策制定者关系（policy‑maker relationships）	智库与政策制定者和政策精英的联系与接近程度
管理能力与资源配置（management and resource allocation）	组织治理（organizational governance）	智库的领导和治理结构
	管理和研究能力（management and research capability）	智库的管理和研究团队的能力
	资源投入（resource investment）	智库的研究和运营资金投入水平
智库综合影响力（comprehensive think tank influence）	政策影响力（policy influence）	智库的政策建议对政策制定和决策的影响
	学术影响力（academic influence）	智库在学术界中的影响力
	社会影响力（social influence）	智库在社会中的影响力
成果产出与可持续发展（output and sustainability）	研究产出数量和质量（research output quantity and quality）	智库的研究产出数量和质量
	政策建议数量和影响（policy recommendations quantity and impact）	智库提供的政策建议数量和影响力
	智库研究可持续性（sustainability of research）	研究产出的走势与未来研究预期
活动与媒体传播力（events and media communication power）	活动和研讨论坛组织（events and seminars organization）	智库组织的研讨会和活动数量与质量
	媒体曝光度（media exposure）	智库在媒体中的曝光度和报道数量
	社交媒体和在线活动（social media and online engagement）	智库在社交媒体和在线平台上的活跃度与参与度

续表

目标层	准则层	维度指标描述
国际影响力（international influence）	国际合作交流（international collaboration and exchange）	智库与国际伙伴的合作和交流
	国际声誉（international reputation）	智库在国际上的声誉和知名度
	成果国际传播与影响（global communication and impact）	智库成果在国际智库、相关数据库的被引、收录情况

基于上述模型目标层、准则层，绘制模糊层次分析法（FAHP）模型如图 5-1 所示。

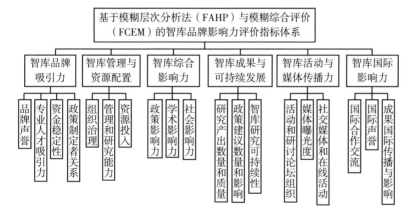

图 5-1 基于模糊层次分析法（FAHP）与模糊综合评价（FCEM）的智库品牌影响力评价指标体系

第二节 操作化界定确定指标层（因子层）

1. **智库品牌吸引力**（the brand appeal of think tanks）（见表 5-2）

表 5 − 2　　　　　　　　　智库品牌吸引力

国标层	准则层	比较方法
品牌声誉 (reputation attractive-ness)	智库在决策者和学者中的声誉	定性比较（优—良—中—差）。专家德比克法，问卷收集评价结果
专业人才吸引力 (talent attractiveness)	智库吸引并保留的领先学者和分析师的数量与质量	定量比较，数据源：官方网站、公开信息，以专职研究员数量规模为标准
资金稳定性 (financial stability)	智库的财务支持水平和稳定性	定性比较（优—良—中—差）。专家德比克法，问卷收集评价结果（本维度重点在稳定性评估，不在金额数量规模）
政策制定者关系 (policy – maker relationships)	智库与政策制定者和政策精英的联系与接近程度	定性比较（优—良—中—差）。专家德比克法，问卷收集评价结果

2. 管理能力与资源配置 （management and resource allocation） （见表 5 −3 ）

表 5 − 3　　　　　　　　　管理能力与资源配置

国标层	准则层	比较方法
组织治理 (organiza-tional governance)	智库的领导和治理结构	定性比较（优—良—中—差）。专家德比克法，问卷收集评价结果
管理和研究能力 (management and research capability)	智库的管理和研究团队的能力	定性比较（优—良—中—差）。专家德比克法，问卷收集评价结果
资源投入 (resource investment)	智库的研究和运营资金投入水平	定量比较，数据源：官方网站、公开信息，以每年获取的经费支持、课题拨款费用、人力物力等资源投入数量为标准

3. 智库综合影响力 （comprehensive think tank influence）（见表5 –4）

表5 –4　　　　　　　智库综合影响力

国标层	准则层	比较方法
政策影响力（policy influence）	智库的政策建议对政策制定和决策的影响	定性比较为主（优—良—中—差）。专家德比克法，问卷收集评价结果；辅以批示、内参情况（一般不公开，以定性为主）
学术影响力（academic influence）	智库在学术界中的影响力	定性定量结合比较：定性 – 专家德比克法，问卷收集评价结果；定量检索国内学术数据库署名成果数量
社会影响力（social influence）	智库在社会中的影响力	定性比较（优—良—中—差）。专家德比克法，问卷收集评价结果

4. 成果产出与可持续发展 （output and sustainability） （见表5 –5）

表5 –5　　　　　　　成果产出与可持续发展

国标层	准则层	比较方法
研究产出数量和质量（research output quantity and quality）	智库的研究产出数量和质量	定性定量结合比较：定量—智库报告和成果的数量，偏公开型；定性—报告成果质量评估（发布刊物/平台级别、被引用情况等）
政策建议数量和影响（policy recommendations quantity and impact）	智库提供的政策建议数量和影响力	定性定量结合比较：定量—智库政策报告的数量，偏内部报告；定性—报告成果质量评估（批示层级等情况）
智库研究可持续性（sustainability of research）	研究产出的走势与未来研究预期	定性比较为主（优—良—中—差）。专家德比克法，问卷收集评价结果；辅以趋势判断，即近年来数量质量走势

5. 活动与媒体传播力（events and media communication power）（见表5-6）

表5-6 活动与媒体传播力

国标层	准则层	比较方法
活动和研讨论坛组织（events and seminars organization）	智库组织的研讨会和活动数量与质量	定性定量结合比较：定量—组织活动、研讨会的数量；定性—相关活动级别
媒体曝光度（media exposure）	智库在媒体中的曝光度和报道数量	定量比较，数据源：百度新闻、谷歌新闻（中文）国内新闻数据库（后续有专门国际传播）
社交媒体和在线活动（social media and online engagement）	智库在社交媒体和在线平台上的活跃度与参与度	定量比较，数据源：清博大数据，覆盖"两微一端"多平台短视频等全网数据，以社交媒体和在线平台为主（剔除传统媒体报道）

6. 国际影响力（international influence）（见表5-7）

表5-7 国际影响力

国标层	准则层	比较方法
国际合作交流（international collaboration and exchange）	智库与国际伙伴的合作和交流	定性比较（优—良—中—差）。专家德比克法，问卷收集评价结果
国际声誉（international reputation）	智库在国际上的声誉和知名度	定量比较，数据源：谷歌趋势、谷歌学术、国际智库报告上榜排名情况、全球媒体报道情况
成果国际传播与影响（global communication and impact）	智库成果在国际智库、相关数据库的被引、收录情况	定性定量结合比较：定量—智库报告和成果被国际智库、数据引用情况；相关成果的收录级别

第三节 模型优化与模糊层次分析

本部分先由德比克法咨询专家关于指标维度意见，进行修订优化，同时采用问卷方法对6个一级指标、19个二级指标重要性进行排序。咨询的专家包括了南开大学两位高端人才、高校两位学术研究人员、业界两位资深专家、三位长期在智库一线工作的人员及一位政府管理人员。

邀请专家情况如下：

专家 QD：品牌研究、出版"走出去"——高端人才

专家 ZH：战略传播、新媒介研究——高端人才

专家 WY：计算机科学、评价体系研究——学界研究员

专家 ZP：品牌国际传播、智库研究——学界研究员

专家 ZY：营销公关——业界资深专家

专家 JJ：企业负责人、首席研究员——业界资深专家

专家 SH：营销公共、广告宣传——业界专家

专家 JH：媒体人——业界专家

专家 HC：媒体人——业界专家

专家 PC：政府工作人员——政府管理人员

数据由问卷收集，模型采用模糊层次分析法计算（详细步骤见附录），经过计算，得到评价体系模型如图 5-2 和表 5-8 所示。

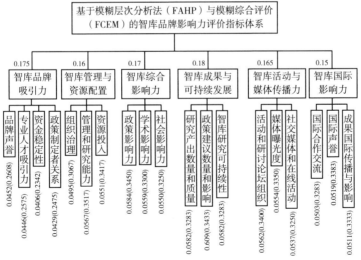

图 5-2　基于模糊层次分析法（FAHP）与模糊综合评价（FCEM）的智库品牌影响力评价指标体系（权重版）

表 5 – 8　基于模糊层次分析法（FAHP）与模糊综合评价
（FCEM）的智库品牌影响力评价指标体系（权重版）

一级指标	二级指标	指标权重 （全局权重）
智库品牌吸引力 （0.175）	品牌声誉	0.0452
	专业人才吸引力	0.0446
	资金稳定性	0.0406
	政策制定者关系	0.0429
智库管理与资源配置 （0.16）	组织治理	0.0495
	管理和研究能力	0.0567
	资源投入	0.0551
智库综合影响力 （0.17）	政策影响力	0.0584
	学术影响力	0.0559
	社会影响力	0.0550
智库成果与可持续发展 （0.18）	研究产出数量和质量	0.0582
	政策建议数量和影响	0.0609
	智库研究可持续性	0.0582
智库活动与媒体传播力 （0.165）	活动和研讨论坛组织	0.0562
	媒体曝光度	0.0554
	社交媒体和在线活动	0.0537
智库国际影响力 （0.15）	国际合作交流	0.0503
	国际声誉	0.0519
	成果国际传播与影响	0.0511

6

第六章
重点智库品牌影响力的模糊综合评价

模糊综合评价法（fuzzy comprehensive evaluation method，FCEM）是众多现代综合评价方法中的一种，其数学原理诞生于 20 世纪 60 年代。本章以可比性为原则，根据国务院国资委《关于中央企业新型智库建设的意见》要求，选择与国网能源研究院组织形式相同、研究智能相近、发展定位类似的 6 家央企开展综合评价，参与评估的 7 家单位分别是：（1）国网能源研究院；（2）中国石油集团经济技术研究院（以下简称中石油经研院）；（3）南方电网能源发展研究院有限责任公司（以下简称南网能源院）；（4）电力规划设计总院（以下简称电规总院）；（5）水电水利规划设计总院（以下简称水电总院）；（6）中国海油集团能源经济研究院（以下简称中海油能研院）；（7）中国石化经济技术研究院（以下简称中石化经研院）。

第一节　评估方法：模糊综合评价

模糊综合评价方法主要分为两大部分：第一部分先按单个因

素进行评判，第二部分再按所有因素进行综合评判。具体操作中则有"三个要素"，主要评价过程如下。

第一步，建立评价指标项目。三要素之一的因素集（U）表示可以影响评判对象的各种因素（u_i）：

$$U = \{u_1, u_2, \cdots, u_n\}$$

本研究中，指的就是 14 个二级指标。

第二步，确定评价指标权重。显然，不同的指标维度偏向不一、重要性相异，在前一章我们通过层次分析法已经确定了 14 个二级指标的权重关系。为了反映各因素的重要程度、对评价结果的影响重要性，我们对各个因素 u_i 赋予相应的权数 ω_i，则权重集 W_i 可表示为：

$$W = (\omega_1, \omega_2, \cdots, \omega_n)$$

第三步，建立评价结论，即备择集。所谓备择集（V）就是以评价者对评判对象可能作出的各种总的评判结果为元素（v_i）组成的集合，也有人称之为"评语集"，即对于各个指标进行评价时可能的结果选项：

$$V = \{v_1, v_2, \cdots, v_m\}$$

第四步，单因素模糊评判。单因素模糊评判是指首先从因素集 U 中的单个因素出发，即对 14 个二级指标进行评判，确定不同指标与评语的相对应情况。我们设评判对象按因素集中第 i 个因素 u_i 进行评判时，对备择集中第 j 个元素 v_j 的隶属程度为 r_{ij}，则按第 i 个因素 u_j 评判的结果可用模糊集合表示为：

$$R_i = \frac{r_{i1}}{v_1} + \frac{r_{i2}}{v_2} + \cdots + \frac{r_{im}}{v_m}$$

其中，R_i 表示单因素评判集，可简单表示为：

$$R_i = (r_{i1}, r_{i2}, \cdots, r_{im})$$

第五步，进行模糊综合评判。上一步中，对单因素模糊评判结果反映的只是单个因素对评判对象的影响，我们需要根据所有指标及其权重分布，进一步综合考虑各要素影响，进而做出综合判断。因此，当权重集 W 和单因素评判矩阵 R 为已知时，我们需要应用模糊变换来得到最终的综合评判：

$$B = W \cdot R$$

$$= (\omega_1, \omega_2, \cdots, \omega_n) \cdot \begin{bmatrix} r_{11} & r_{12} & \cdots & r_{1m} \\ r_{21} & r_{22} & \cdots & r_{2m} \\ \vdots & \vdots & \vdots & \vdots \\ r_{n1} & r_{n2} & \cdots & r_{nm} \end{bmatrix}$$

$$= b_1, b_2, \cdots, b_m$$

其中，B 为模糊综合评判集；$b_j (j = 1, 2, \cdots, m)$ 为模糊综合评判指标，其中：

$$b_j = \bigvee_{i=1}^{n} (w_i \wedge r_{ij})$$

第六步，评判指标考核。以 b_j 为权数，对各个备择元素 v_j 进行加权平均计算，即：

$$v = \sum_{j=1}^{m} b_j v_j \div \sum_{j=1}^{m} b_j$$

最终结果 v 即为模糊综合评判的结果。

本部分以前述模糊层次分析法形成的智库品牌影响力评价指标体系为模型，采用糊综合评价方法，邀请十位熟悉该领域发展情况、了解能源类智库国内国际态势的专家进行匿名评价，收集数据集，经计算形成代表性央企智库品牌影响力榜单。

为了使专家更加科学、客观、准确开展评价，本研究按照前述操作化界定确定指标层（因子层）的阐释，将涉及量化评估部分的数据实现整理好，作为评估参考，以提高准确性。例如，专家可能不知道九家智库发表学术成果的数量，就可以参照本研究整理的相关数据进行评价。需要指出，为了避免干扰，我们原则上只提供客观数据，涉及定性判断与评估的维度，不加额外信息，充分尊重专家评价意见。

第二节 以国网能源研究院为例计算

一、评测对象

评测对象：国网能源研究院（具体数据见表6-1、表6-2、表6-3）。

表6-1　　　　　　　　单因素指标统计

指标	优秀	良好	中等	较差
品牌声誉	1	3	2	0
专业人才吸引力	2	4	0	0
资金稳定性	4	2	0	0
政策制定者关系	0	6	0	0
组织治理	0	6	0	0
管理和研究能力	2	4	0	0
资源投入	4	2	0	0
政策影响力	0	6	0	0
学术影响力	6	0	0	0
社会影响力	6	0	0	0
研究产出数量和质量	0	6	0	0
政策建议数量和影响	0	6	0	0
智库研究可持续性	6	0	0	0
活动和研讨论坛组织	0	6	0	0
媒体曝光度	6	0	0	0
社交媒体和在线活动	0	6	0	0
国际合作交流	0	6	0	0
国际声誉	0	6	0	0
成果国际传播与影响	0	6	0	0

表6-2　　　　　　　　单因素指标统计权重 R
（单因素指标统计矩阵的行归 1 化）

指标	优秀	良好	中等	较差
品牌声誉	0.1667	0.5	0.3333	0
专业人才吸引力	0.3333	0.6667	0	0
资金稳定性	0.6667	0.3333	0	0
政策制定者关系	0	1	0	0
组织治理	0	1	0	0
管理和研究能力	0.3333	0.6667	0	0
资源投入	0.6667	0.3333	0	0
政策影响力	0	1	0	0
学术影响力	1	0	0	0
社会影响力	1	0	0	0
研究产出数量和质量	0	1	0	0
政策建议数量和影响	0	1	0	0
智库研究可持续性	1	0	0	0
活动和研讨论坛组织	0	1	0	0
媒体曝光度	1	0	0	0
社交媒体和在线活动	0	1	0	0
国际合作交流	0	1	0	0
国际声誉	0	1	0	0
成果国际传播与影响	0	1	0	0

表6-3　　　　　　　　　隶属度矩阵 B

结论	隶属度
优秀	0.3297
良好	0.6553
中等	0.0151
较差	0

综合打分：89.7188

二、推导步骤

（1）备择集 V：

$$[优秀 \quad 良好 \quad 中等 \quad 较差]$$

（2）备择集分值 VC：

$$[100 \quad 85 \quad 70 \quad 55]$$

（3）评测指标权重向量 W：

$$[0.0452 \quad 0.0446 \quad 0.0406 \quad 0.0429 \quad 0.0495 \quad 0.0567$$
$$0.0551 \quad 0.0584 \quad 0.0559 \quad 0.055 \quad 0.0582 \quad 0.0609 \quad 0.0582$$
$$0.0562 \quad 0.0554 \quad 0.0537 \quad 0.0503 \quad 0.0519 \quad 0.0511]$$

（4）单因素指标统计权重 R：

单因素指标统计权重 R

$$\begin{bmatrix} 0.1667 & 0.5 & 0.3333 & 0 \\ 0.3333 & 0.6667 & 0 & 0 \\ 0.6667 & 0.3333 & 0 & 0 \\ 0 & 1 & 0 & 0 \\ 0 & 1 & 0 & 0 \\ 0.3333 & 0.6667 & 0 & 0 \\ 0.6667 & 0.3333 & 0 & 0 \\ 0 & 1 & 0 & 0 \\ 1 & 0 & 0 & 0 \\ 1 & 0 & 0 & 0 \\ 0 & 1 & 0 & 0 \\ 0 & 1 & 0 & 0 \\ 1 & 0 & 0 & 0 \\ 0 & 1 & 0 & 0 \\ 1 & 0 & 0 & 0 \\ 0 & 1 & 0 & 0 \\ 0 & 1 & 0 & 0 \\ 0 & 1 & 0 & 0 \\ 0 & 1 & 0 & 0 \end{bmatrix}$$

（5）模糊综合评判结论 B：

$B = W \cdot R$

$= (0.0452111 \times 0.1667) + (0.0446333 \times 0.3333)$

$\quad + (0.0405889 \times 0.6667) + (0.0429 \times 0) + (0.0494756 \times 0)$

$\quad + (0.0567356 \times 0.3333) + (0.0551222 \times 0.6667)$

$\quad + (0.05842 \times 0) + (0.05588 \times 1) + (0.0550333 \times 1)$

$\quad + (0.0582244 \times 0) + (0.0608844 \times 0) + (0.0582244 \times 1)$

$\quad + (0.0562133 \times 0) + (0.0553867 \times 1) + (0.0537333 \times 0)$

$\quad + (0.0503444 \times 0) + (0.0518778 \times 0) + (0.0511111 \times 0)$

$\quad (0.0452111 \times 0.5) + (0.0446333 \times 0.6667)$

$\quad + (0.0405889 \times 0.3333) + (0.0429 \times 1) + (0.0494756 \times 1)$

$\quad + (0.0567356 \times 0.6667) + (0.0551222 \times 0.3333)$

$\quad + (0.05842 \times 1) + (0.05588 \times 0) + (0.0550333 \times 0)$

$\quad + (0.0582244 \times 1) + (0.0608844 \times 1) + (0.0582244 \times 0)$

$\quad + (0.0562133 \times 1) + (0.0553867 \times 0) + (0.0537333 \times 1)$

$\quad + (0.0503444 \times 1) + (0.0518778 \times 1) + (0.0511111 \times 1)$

$\quad (0.0452111 \times 0.3333) + (0.0446333 \times 0)$

$\quad + (0.0405889 \times 0) + (0.0429 \times 0) + (0.0494756 \times 0)$

$\quad + (0.0567356 \times 0) + (0.0551222 \times 0) + (0.05842 \times 0)$

$\quad + (0.05588 \times 0) + (0.0550333 \times 0) + (0.0582244 \times 0)$

$\quad + (0.0608844 \times 0) + (0.0582244 \times 0) + (0.0562133 \times 0)$

$\quad + (0.0553867 \times 0) + (0.0537333 \times 0) + (0.0503444 \times 0)$

$\quad + (0.0518778 \times 0) + (0.0511111 \times 0)$

$\quad (0.0452111 \times 0)$

$\quad + (0.0446333 \times 0) + (0.0405889 \times 0) + (0.0429 \times 0)$

$\quad + (0.0494756 \times 0) + (0.0567356 \times 0) + (0.0551222 \times 0)$

$\quad + (0.05842 \times 0) + (0.05588 \times 0) + (0.0550333 \times 0)$

$\quad + (0.0582244 \times 0) + (0.0608844 \times 0) + (0.0582244 \times 0)$

$$+ (0.0562133 \times 0) + (0.0553867 \times 0) + (0.0537333 \times 0)$$
$$+ (0.0503444 \times 0) + (0.0518778 \times 0) + (0.0511111 \times 0)$$
$$= \begin{bmatrix} 0.3297 & 0.6553 & 0.0151 & 0 \end{bmatrix}$$

（6）模糊综合得分 v：

$$v = B \times VC^T$$
$$= 0.3297 \times 100 + 0.6553 \times 85 + 0.0151 \times 70 + 0 \times 55$$
$$= 89.7188$$

第三节 代表性智库品牌影响力评估结果

按照上述计算，同理可获得各家智库品牌影响力如表 6 - 4 所示。

表 6 - 4　　　　　　　代表性智库的评价结果

序号	智库名称	优秀隶属	良好隶属	中等隶属	较差隶属	最终评分
1	中石油经研院	0.4841	0.5016	0.0143	0	92.0463
2	国网能源研究院	0.3297	0.6553	0.0151	0	89.7188
3	中石化经研院	0.315	0.5662	0.1004	0.0183	87.6689
4	中海油能研院	0.1106	0.5056	0.3471	0.0367	80.3518
5	南网能源院	0.0151	0.4932	0.4734	0.0184	77.5738
6	水电总院	0.0599	0.4235	0.4629	0.0537	77.3425
7	电规总院	0.1222	0.364	0.1872	0.3266	74.229

从评估结果看，中石油经研院、国网能源院、中石化经研院三家构成第一梯队，其中中石油经研院以 92.0463 分位居第一；中海油能研院以 80.3518 分居中间梯队，略高于第三梯队；南网能源院、水电总院和电规总院处于第三梯队，其中电规总院因受其在媒体传播等公开渠道评级拖累，处于劣势发展位置。

综上所述，国网能源院在头部央企的智库建设中处于第一梯队，积累了先发优势，并在诸多维度上处于行业领先地位。需要指出，智库发展的不同阶段，其发展重心有所侧重，这是正常情况；同时也会根据行业发展、自身定位等随时调整，因此评估应当动态、持续、对比，不宜以一次的评价结果进行单一维度排序，需要在更长时空范畴下进行追踪研究。

第四节 指标维度评价情况与对比分析

本部分结合前述评估结果，对相关结论进行解读，同时对下一阶段国网能源研究院做好品牌影响力提升工作提供参考建议。如图6-1所示，从指标等级的分布看，国网能源研究院本次共在学术影响力、社会影响力、智库研究可持续性及媒体曝光度等四个指标维度均获得优秀评价。其中学术影响力从国内看，受益

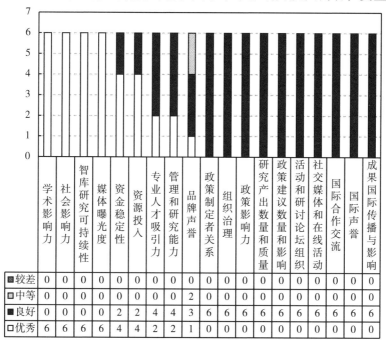

	学术影响力	社会影响力	智库研究可持续性	媒体曝光度	资金稳定性	资源投入	专业人才吸引力	管理和研究能力	品牌声誉	政策制定者关系	组织治理	政策影响力	研究产出数量和质量	政策建议数量和影响	活动和研讨论坛组织	社交媒体和在线活动	国际合作交流	国际声誉	成果国际传播与影响
■较差	0	0	0	0	0	0	0	0	0	0	0	0	0	0	0	0	0	0	0
▢中等	0	0	0	0	0	0	0	0	2	0	0	0	0	0	0	0	0	0	0
■良好	0	0	0	0	2	2	4	4	3	6	6	6	6	6	6	6	6	6	6
▢优秀	6	6	6	6	4	4	2	2	1	0	0	0	0	0	0	0	0	0	0

图6-1 国网能源研究院指标维度评价语分布

于 CNKI 等数据库作者单位为"国家电网"的支撑；社会影响力及媒体曝光度则是在各类搜索引擎返回结果，经无量纲处理后的相对评级，表明国网能源研究院在 7 家智库单位中，学术研究成果丰富，同时社会可见度也较高。

此外，在绝大部分的评价维度方面国网能源研究院均获得"良好"评价，但在"品牌声誉"指标中（该指标特指国内品牌声誉）有"中等"评价，这表明国网能源研究院在国内形象建构与品牌传播方面还有可拓展空间。

初步整合上述结果，根据模糊综合评价的数据，国网能源研究院在多个关键指标上表现出色，但在部分指标维度上也有一些可以改进的领域。

一是管理和研究能力：该院在管理和研究能力上的整体评价为"良好"，提醒其在内部管理和研究团队的专业能力上还有提升空间。

二是社会影响力：社会影响力方面为"良好"、智库品牌声誉存在"中等"评价，反映出其在公共舆论和社会服务的认知度与影响力方面有待提升。

三是智库研究可持续性：在研究可持续性上的整体评价为"良好"，表明其在长期研究规划和持续发展能力上需要加强。

四是国际合作交流：虽然整体国际影响力较好，但在国际合作交流方面的评价为"良好"，显示出其在国际合作和交流的广度与深度上仍有提升空间。

针对上述分析，提出以下对策建议以提升国网能源研究院的整体发展水平和品牌影响力。

一是提升管理和研究能力。包括：优化管理机制，引入先进的管理理念和方法，建立健全的管理体系，提升管理效率和决策科学性；加强人才培养，通过引进高端人才和加强内部培训，提高研究团队的专业能力和创新能力；建立人才激励机制，增强人才的归属感和工作积极性；完善评价机制，定期对研究项目和人员进行评估，确保研究质量和进度，提高整体科研水平。

二是增强传播力、影响力。包括：加强公共关系，通过举办公众讲座、参与社会公益活动等方式，增强与社会各界的互动，提升智库的社会认知度；增加媒体曝光度；利用传统媒体和新媒体平台，加大研究成果的宣传力度，增强智库在社会公众中的影响力；建立合作网络，与政府机构、企业、非政府组织等建立紧密的合作关系，扩大智库在不同社会领域的影响。

三是强化智库研究的可持续性。包括：制订长期研究规划：根据国家能源政策和市场需求，制订科学合理的长期研究规划，确保研究工作的持续性和稳定性；多元化资金来源，通过与企业合作、申请政府和国际基金等方式，拓展资金来源，保障研究经费的稳定和持续；加强课题储备，建立完善的课题储备机制，确保在研究项目结束后能够迅速启动新的研究，保持研究工作的连续性。

四是进一步扩大国际合作交流。包括：加强国际合作项目，积极参与国际合作项目，与国际知名智库和研究机构建立合作关系，提升国际交流与合作水平；提升国际会议参与度，鼓励研究人员参加国际学术会议和论坛，增加国际学术交流机会，提升国际学术影响力；加强国际成果传播，通过出版英文期刊、参加国际学术出版等方式，扩大研究成果的国际传播范围和影响力。

五是提升智库品牌吸引力。包括：打造品牌声誉；通过高质量的研究成果和积极的社会参与，树立良好的品牌形象，提升智库的社会认可度和公信力；强化政策制定者关系，加强与政策制定者的互动与合作，通过提供高水平的政策建议，增强智库在政策制定过程中的影响力；提高专业人才吸引力，通过提供良好的工作环境和职业发展机会，吸引和留住高水平的专业人才，增强智库的整体实力。

为进一步对标兄弟企业优秀智库发展情况,我们同步分析本次排名第一的中石油经研院,如图 6-2 所示。

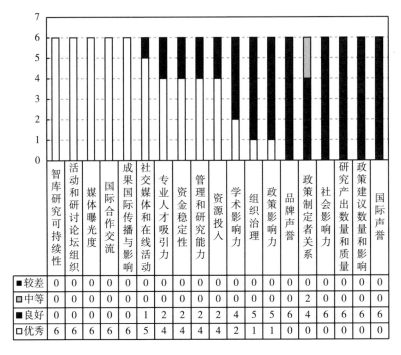

图6-2　中石油经研院指标维度评价语分布

中石油经济研究院在众多指标上均获得了"优秀"评价,表明研究院在品牌吸引力、管理与资源配置、综合影响力、成果与可持续发展、活动与媒体传播力以及国际影响力等方面表现非常出色。

智库品牌吸引力方面:在品牌声誉、专业人才吸引力、资金稳定性和政策制定者关系等方面均表现优异,表明中石油经济研究院在品牌建设和资源获取方面有很强的能力。

智库管理与资源配置方面:在组织治理、管理和研究能力及资源投入方面均获得"优秀"评价,显示出中石油经研院在内部管理与资源配置上的高效和专业。

智库综合影响力方面：在政策影响力、学术影响力和社会影响力三项指标均表现突出，说明中石油经济研究院的研究成果具有较高的社会认知度和政策影响力。

智库成果与可持续发展方面：在研究产出数量和质量、政策建议数量和影响及智库研究可持续性方面表现优异，反映出中石油经研院研究工作质量高且具有持续发展潜力。

智库活动与媒体传播力方面：在活动和研讨论坛组织、媒体曝光度及社交媒体和在线活动三项指标上均获得较多"优秀"评价，表明中石油经研院在学术活动组织和媒体传播方面非常活跃。

智库国际影响力方面：在国际合作交流、国际声誉及成果国际传播与影响方面均表现出色，显示出中石油经研院在国际舞台上的影响力和声誉。

通过对比两家智库发展现状和传播特色，我们发现中石油经研院在线上线下活动与传播方面拥有显著优势。其中线下活动、媒体曝光均获得全部"优秀"评价；在国际交流合作与成果海外传播方面也有非常出色的表现。对比国网能源研究院发展情况，应当在强化已有学术影响力的基础上，进一步寻求"智库出圈"，既要做好智库研究与资政报告的工作，也要在符合保密要求等前提下，做好媒体宣传与社交平台传播，以持续推高智库存在感、好感度、美誉度。中石油经研院在社交媒体和在线活动指标中获得"5优秀、1良好"评价，再次表明智库工作不应该"关起门来研究"，而是要强化有组织科研、强化行业对话合作、强化破圈传播，以达到说理与陈情并重、学理性与通俗性并重，既要服务国家重大战略又能获得百姓民众认可。

除此之外，国网能源研究院下阶段还应强化智库海外传播能力建设。鉴于当前我国智库国际影响力普遍偏低（全球智库排名上榜不意味着影响力全面领先），我们可以集中力量，先打造行业专业智库，在此基础上积累数据、经验，形成核心产品并贡献更多公共理论知识与智库公共产品。同时，布局海外社交平台、强化与国际智库网络联系，不断提升影响力，逐渐打造具有中国特色、中国气派的新型高端智库，争取在较短时间内推动构建起中国智库品牌。

7 第七章
国内外优秀智库建设的案例参考

国内智库建设与品牌影响力优秀案例

一、能源类智库

（一）国网能源院

1. 基本概况

国网能源院是能源电力软科学与企业战略运营管理研究机构，是国家电网公司的智库机构。国网能源院立足国家电网公司，服务国家能源战略，服务能源电力行业，服务经济社会发展；围绕能源电力行业及企业的发展战略、规划、管理、体制机制、政策等相关问题，开展战略研究、政策分析、辅助决策和咨询评估工作。

2. 品牌影响力具体做法

（1）完善研究工具，发挥研究特色。国网能源院设立实验室或研究平台，同时拥有 25 个重要模型工具（2022 年数据），全力打造模型工具体系，提升"硬实力"。

（2）注重成果转化，服务政府决策。国网能源院重视专著出版、专利授权和核心论文及文章的发表，虽然在数据层面仍然和国际高端智库存在一定差距，但近年来国网能源院正在设立目标，力争追赶。同时，国网能源院为决策服务，报送内参数量较多（2022 年数据为 215 篇），部分成果最终被采纳（2022 年数据为 84 篇），重视成果转化，为社会建设服务，提高自身的社会影响力。

（3）推动体系创新，完善企业治理。国网能源院重视质量监控体系的完备性，正在逐渐向国际高端智库看齐。还注重与国内外知名智库和研究机构的合作，共同开展能源政策研究和决策咨询服务。通过与外部机构的合作，国网能源院不仅能够拓宽研究视野，还能够提高研究水平和质量，更好地服务于政府和企业。

3. 启发与工作建议

（1）深化方法探索，部署战略全局。科技智库建设需要科学思路的指导，成熟的理论方法能够推动科技智库的标准化运作，在保证高效产出质量的同时，促进资源的整合与利用。对科技智库运作进行全景式观察，结合战略使命把握科技智库的独特属性。在此基础上，努力提出加强科技决策咨询的理论方法，以此为科技智库的创新发展提供不竭动力。

（2）重视信息资源建设，促使结构协同改革。要从管理层面探究智库数据资源的共享机理、协同构建路径等，还可以从技术层面研究智库数据资源获取集成的工具和平台，同时关注科技智库数据安全、数据生态等方面的问题。

（3）提升服务能力，发挥更多职能。智库服务逐渐由知识服务转向情报服务、智慧服务，而支撑智库服务的核心在于人才，关键在于产品，尤其前瞻性的研究项目需要专家智慧的广泛参与。要持续强化科技智库服务能力的培育，重点围绕人才汇集、项目组织、成果控制等方面进行探究，如推进人才引进、培养、使用、共享，激励各环节的创新研究。

（二）中国石油集团经济技术研究院

1. 基本概况

中国石油集团经济技术研究院（以下简称中石油经研院）是2015 年入选 25 家首批国家高端智库建设试点单位中唯一一家企业类智库，在"能源"和"企业"领域开展决策咨询研究有着独特优势，其在建设国家高端智库的过程中，探索出了一套适合自身长远、可持续发展的智库治理体系。作为中国石油集团直属的主要从事经济与技术相结合的研究机构，中石油经研院发挥"一部三中心"（"一部"即研究竞争和发展战略的"参谋部"，"三中心"即石油石化重大战略问题研究中心、信息资源开发中心和对外交流与合作中心）作用，主要研究领域集中在能源战略与安全、能源经济与市场、地缘政治与国际能源合作、能源科技创新与发展、公司治理与企业管理等 5 个方面。

2. 品牌影响力具体做法

（1）资源转化。依托中国石油集团全球化的业务布局，充分利用海外投资环境研究所等平台，加强与国际大型能源公司、国际能源组织和著名研究机构的合作，使涉及国际市场、地缘政治、能源合作等方面的研究工作更贴近实践，具有更强的指导性和可操作性。

（2）发挥优势，聚焦热点。依托自身的能源企业属性，聚焦国家、行业和企业关注的重点热点问题，发挥自己在能源领域的研究优势，围绕国内外能源政策、地缘政治、能源发展等问题展开深入研究，为政府和企业提供有针对性的解决方案。

（3）内外兼修，树立形象。作为国家高端智库建设的具体实施平台，依托经研院，面向内外部智库研究力量，实施开放式管理，有效推进资源对接、创新协同、信息共享，催生高水平、特色化智库成果。代表成果有《国内外油气行业发展报告》《中国天然气发展报告（2023）》等。

（4）重视人才，引进团队。注重培养和引进一流专家团队，提高研究人员的综合素质和研判能力，加强与国内外能源领域的研究机构和企业合作，建立稳定的合作关系，共同开展研究项目，提高研究水平和质量。

3. 启发与工作建议

（1）明确品牌定位和特色。作为各领域的专业性智库，应当明确自身的品牌定位和特色，突出在能源领域的专业性和技术性优势。在品牌定位上，可以强调提供高质量、独立、有影响力的政策研究和决策咨询服务，为政府和企业提供全面、深入的研究与支持。同时，注重在本行业关键性问题领域进行深入研究，形成自身独特的品牌特色。

（2）加强研究团队建设。智库应当注重培养和引进一流专家团队，提高研究人员的综合素质和研判能力。同时，加强与国内外研究机构和企业合作，建立稳定的合作关系，共同开展研究项目，提高研究水平和质量。

（3）加强成果宣传，重视成果转化。通过举办本行业领域的高端论坛、研讨会、讲座等活动，加强研究成果的宣传和推广。同时，利用互联网和社交媒体等新兴媒体平台，扩大品牌传播渠道，提高品牌传播效果。

（4）促进协同合作，树立良好形象。加强与政府、企业和社会各方的沟通合作，积极参与公共政策制定和社会服务，为政府决策和社会发展提供有效的咨询与建议。通过发挥自身优势，提高品牌形象和影响力。

（5）放眼全球，寻求机遇。通过参与国际政策制定、开展国际合作项目、加入国际组织等方式，推动品牌国际化和国际化发展。同时，加强对国际市场和行业趋势的研究与分析，为国内行业领域发展提供有价值的参考和建议。

（三）水电水利规划设计总院

1. 基本概况

水电水利规划设计总院（以下简称水电总院）是中央企业智库联盟副秘书长单位，承担了可再生能源行业政策研究、行业与专项规划、发布有影响力的行业发展报告、标准管理、信息数据支撑、质量监督、定额造价、技术研发、国际能源合作交流、流域综合监测、公共安全应急体系建设等工作，正在逐步发挥可再生能源行业央企智库"咨政建言、理论创新、舆论引导、社会服务、公共外交"等功能，具有建设国家能源行业一流智库的资源禀赋，并且朝向国际一流的智库目标成长和努力。

2. 品牌影响力具体做法

（1）关注价值引导力。树立品牌形象，加强与媒体互动，围绕中心工作，重点抓好"十四五"规划、白鹤滩和乌东德水电站等重点工程、行业报告、移民经验、东亚峰会清洁能源论坛等宣传工作。加强企业文化和新闻宣传工作，讲好行业和智库故事。

（2）注重社会影响力。紧跟政策导向，全面贯彻新发展理念，积极稳妥推进碳达峰碳中和，推动建设清洁低碳、安全高效的现代能源体系。聚焦多领域、探讨多方位关键问题，支持国内外各项能源法律法规修订、国际能源合作机制工作。发挥"一带一路"建设的引领作用，加强与"一带一路"共建国家的合作交流，为国际水利水电发展提供中国方案和中国智慧。

（3）集中国际传播力。获得国内外机构支持，水电总院政府及国际组织挂牌常设机构数为 21 个，得到国内外各组织经济、政策等多方面支持，资源扶持力度大。

3. 启发与工作建议

（1）紧跟政府政策导向，力争扩大社会影响力。参照水电总院在政策方面的推动工作，如"十四五"规划、推进碳达峰碳中和、可再生能源、"一带一路"等，结合智库自身研究现状，参与或开启跟进性工作，在政策上始终与国家保持高度一致，尽可能多地获得国家政策和财政扶持。

（2）树立自身品牌形象，关注价值引导力，提高国际影响力。结合现有智库的成功经验，既注重媒体宣传，又要树立自身独特的企业形象，形成品牌效应，借助自身独特的研究特点和战略定位获得国内外更多机构支持，在国内国际社会树立优秀形象，提升品牌知名度。

（四）国家发展和改革委员会能源研究所

1. 基本概况

国家发展和改革委员会能源研究所（以下简称能源研究所）成立于1980年，由国家发展和改革委员会宏观经济研究院归口管理，是综合研究中国能源问题的国家级研究机构。能源研究所下设五个专业研究中心、CDM项目管理中心、科研和国际合作处等机构，共有研究人员近70人。作为中国唯一的综合能源刊物——《中国能源》，其杂志社为能源研究所的附属单位。其主要研究领域包括国家宏观能源经济与区域能源经济、能源产业发展、能源技术政策、能源供需预测、能源安全、能源与环境、节能与提高能源效率、可再生能源和替代能源发展等与经济社会发展相关的能源经济问题等，为国家政府部门制定能源发展战略和规划、制定能源相关法规与标准提供了理论依据和政策性建议。此外，研究所积极开展国际合作研究和咨询服务项目，为国内外相关行业机构、企业等提供参考经验和借鉴。

2. 品牌影响力具体做法

（1）注重资源配置，研究节能战略。能源研究所研究能源的资源合理配置和利用的理论方法，研究重大的节能战略与节能规划以及推动节能和提高能源效率的政策或措施。协助政府部门设计和实施节能工程项目。这些成果在国内外能源领域产生了广泛的影响，为能源研究所赢得了良好的声誉和口碑。

（2）锚定理论方法，制定发展策略。能源研究所研究全国范围和地区范围内的能源勘测、开发、加工转换、输送、终端消费及供需平衡等能源经济问题，为中央和地方政府制定能源发展战略、发展规划和相应配套政策、能源法规及能源管理体制改革提供科学依据。在重大能源政策的制定和实施中发挥作用，提升能源研究所的实际影响力。

（3）注重内外交流，推动国际合作。能源研究所与多家能源机构合作，围绕"十五"规划的制定和西部开放战略，开展了可再生能源的技术交流与培训。就能源领域的热点问题，成功举办过具有国内外影响力的大型国际研讨会等，通过国际研讨会的成功举办，进一步宣传自身品牌和影响力。

3. 启发与工作建议

（1）紧密贴合国家战略需求。智库的研究内容和方向需要与国家的发展战略紧密结合，确保智库的研究成果能够为国家政策的制定提供科学的依据和保障。

（2）持续创新研究方法和手段。随着科学技术的发展，智库应不断探索和创新研究方法与手段，如大数据分析、模型构建模拟等，以此更加科学地提高研究的准确性。

（五）中国能源战略研究院

1. 基本概况

中国能源战略研究院（以下简称战略研究院）是中国石油大学依托学校学科优势，于2012年6月成立的集能源软科学基础理论研究平台、能源战略与政策咨询服务中心和高级能源战略人才培养基地为一体的学校直属的实体性研究机构与研究生培养单位。战略研究院以满足国家能源战略需求为宗旨，以研究解决能源战略的复杂性、前沿性、综合性问题为核心，整合高校软学科研究资源，进行关于我国能源发展的系统性、基础性、前瞻性研究，加快以能源发展战略与政策研究为特色的社会科学研究平台建设。战略研究院入选了 2017 年度"中国智库综合评价高校 A 类核心智库"，并荣获了能源软科学研究最高奖、国家能源局软科学优秀成果奖等多项科研奖励。

2. 品牌影响力具体做法

（1）紧密跟随时代和国家发展需求。战略研究院紧密结合国家能源战略需求，针对能源发展的复杂性、前沿性和综合性问题，深入开展系统性、基础性和前瞻性研究。这种高度针对性的研究方式，使得战略研究院的研究成果更具实用性和影响力，为政府决策和企业实践提供了重要参考。

（2）注重研究成果的转化和应用。战略研究院通过定期发布能源战略研究报告、举办能源政策研讨会、与企业合作开展项目研究等方式，将研究成果转化为实际生产力，为国家能源事业的发展作出了积极贡献。这种"产学研"相结合的发展模式，不仅提升了研究院的品牌影响力，也增强了其社会服务能力。

开展国际交流与合作。通过参与国际能源论坛、与国外知名能源研究机构建立合作关系、引进国际先进能源战略理念等方式，战略研究院不断拓宽国际视野，提升其在国际能源战略领域的影响力。这种国际化的发展策略，使战略研究院的品牌形象更加鲜明，也为其赢得了更多的国际合作机会。

（3）大力开展品牌宣传和推广。通过建设官方网站、开设微信公众号、发布研究动态等方式，战略研究院积极向公众展示其在能源战略领域的专业实力和研究成果。这些宣传和推广活动不仅提高了战略研究院的知名度，也增强了公众对能源战略问题的关注和认识。

3. 启发与工作建议

（1）深化跨学科融合研究。加强多学科交叉合作，整合工程技术、经济学、环境科学等领域的知识，以更全面地解决能源发展中的问题。增加对新能源技术的研究，如储能技术、智能电网、碳捕捉与封存（CCS）技术等，以促进能源转型和减少温室气体排放。

（2）关注当下社会问题，主动承担社会责任。在研究中融入可持续发展的理念，评估能源项目对环境和社会的影响，推动绿色能源及其相关政策的发展。与地方政府合作，探索适合中国各地区特色的可持续能源解决方案。

二、其他行业优秀智库

（一）国务院发展研究中心

1. 基本概况

国务院发展研究中心（以下简称中心）是从事综合性政策研究和决策咨询的国务院直属事业单位，主要任务是贯彻落实党中央关于政策咨询研究工作的方针政策和决策部署，统筹国内外发展研究资源，不断提高综合研判和战略谋划能力，为党中央、国务院提供政策建议和咨询意见。

2. 品牌影响力具体做法

（1）服务政策需要，提供具体建议。组织开展经济社会发展和改革开放中的全局性、综合性、战略性、长期性问题及热点、难点问题研究，开展政策评估、政策解读、国际交流合作，提出相应咨询意见和建议。研究全面深化改革问题，研究经济社会发展和改革开放中的体制机制、市场体系建设与改革等，提出相应咨询意见和建议。

（2）研究领域多元，社会影响力大。研究社会发展、文化发展问题，研究人口与社会发展、公共服务与社会保障、社会治理、公共文化建设、对外文化传播等，提出相应咨询意见和建议。研究生态文明建设和绿色发展问题，研究资源开发利用、生态环境保护、应对气候变化、促进经济社会发展全面绿色转型等，提出相应咨询意见和建议。研究企业、产业发展问题和产业政策，对制造业、建筑业、房地产业和金融、商贸、流通等服务业开展研究，提出相应咨询意见和建议。国务院发展研究中心在党政军智库系统、专业影响力、政治建设领域、社会发展领域、全面深化改革研究领域等均位列各项智库榜单前列。

（3）组织形式新颖，科研素养过硬。注重创新组织形式和管理方式，建立了以项目为中心的研究团队，采用了灵活的组织架构和人员管理机制，为研究工作的开展提供了有效的保障。注重培养高素质的研究团队，提高研究人员的综合素质和研判能力。同时，中心还注重开展跨学科、跨领域的研究，提高综合研判和战略谋划能力。

（4）重视成果转化，定期推出报告。其将研究成果转化为调研报告、专著、专利、内参等，有利于研究成果的留存，同时为日后科研提供借鉴，提高研究中心的成果转化效能、决策支撑水平和品牌影响力。

3. 启发与工作建议

（1）加强与国内外知名智库的交流合作，扩大国际影响力。积极与国内外知名智库开展交流合作，参与国际研究项目，展示自身研究成果和专家团队的能力，扩大在国内、国际事务中的影响力。

（2）创新组织形式和管理方式，提高研究效率和综合实力。可以借鉴国务院发展研究中心的创新组织形式和管理方式，建立以项目为中心的研究团队，采用灵活的组织架构和人员管理机制，为研究工作的开展提供有效的保障。同时，注重培养高素质的研究团队，提高研究人员的综合素质和研判能力，加强跨学科、跨领域的研究，提高综合研判和战略谋划能力。

（3）发挥自身优势，积极参与公共政策制定和社会服务。发挥智库在本领域的专业性和技术性优势，积极参与公共政策制定和社会服务，为政府决策和社会发展提供有效的咨询与建议。通过发挥自身优势，提高品牌形象和影响力。

（4）注重品牌建设策略的制定和实施，提升国家智库的影响力。制定符合自身特点的品牌建设策略，包括品牌定位、品牌传播、品牌维护等方面，提升品牌知名度和影响力。同时，注重品牌建设策略的落实和评估，不断优化和提升智库建设水平。

（二）新华社研究院

1. 基本概况

新华社研究院是中国国家高端智库方阵中唯一一家媒体型智库，以政策研究为主攻方向，近年来围绕国内外重大问题开展前瞻性、战略性、储备性研究，形成了众多有影响的智库研究成果。主要承担国家高端智库建设、新闻理论和新闻业务研究、媒体融合发展研究等工作，并协调9个分中心开展各项研究工作。

2. 品牌影响力具体做法

（1）发挥媒体优势，开展特色工作。围绕国内外重大问题开展前瞻性、战略性、储备性研究，发挥调查研究、全球布局等优势，以开放思维和国际视野开展国际智库间交流合作，组织召开各类国际智库论坛。

（2）打造外交形象，加强对外传播。新华社研究院积极发挥智库外交作用，作为"一带一路"国际智库合作委员会理事会秘书处，致力于委员会的机制化运转，发挥智库外宣作用，依托新华社作为国家高端智库中唯一媒体型智库的优势，以智库报告为载体打造国际传播精品力作，代表成果有《人工智能大模型体验报告2.0》《改变中国的"第二个结合"——建设中华民族现代文明的理论创新与实践》等。

（3）设置特色机构，完善基本职能。新华社研究院下设多个研究中心和学术委员会，协调组织新华社国家高端智库所辖国情与战略研究中心、世界问题研究中心、公共政策研究中心、传播战略研究中心、经济研究中心、舆情研究中心、基层治理研究中心、参考智库、中国企业发展研究中心及学术委员会成员单位履行新华社国家高端智库基本职能，开展各项研究工作和智库活动。

3. 启发与工作建议

重视媒介作用，塑造自身形象。智库可以尝试开辟新媒体部，从国际传播的角度出发将国网能源院的战略地位抬高。利用媒体优势在国内外市场塑造立体、优质的形象，同时可以考虑参考中国国际问题研究院的模式设立特色机构。

（三）中国国际问题研究院

1. 基本概况

中国国际问题研究院（以下简称研究院）系中华人民共和国外交部直属专业研究机构，前身为创设于1956年的"中国科学院国际关系研究所"。主要对当前国际政治和世界经济等领域的重大问题进行研究，提出意见和建议，以供决策参考。2014年6月，中央机构编制委员会办公室批准将"中国国际问题研究所"更名为"中国国际问题研究院"。2020年，经中央全面深化改革委员会审议批准，研究院被列为国家高端智库建设试点单位。

2. 品牌影响力具体做法

（1）资料储存充足，研究准备充分。据2018年4月研究院官网显示，研究院图书馆有中、英、法、俄、德、日、西共7个语种约25万册书籍及大量珍贵史料，馆藏范围涵盖政治、经济、军事、外交、国际法等学科。研究院开通了 OECD Online（经济合作与发展组织在线）、Economist Intelligence Unit（经济学人智库）、*The Economist*（《经济学人》）、国务院发展研究中心信息网（宏观经济部分）、中国知网、East View's Universal Database platform（UDB）（俄罗斯大全俄语数据库平台）、*Foreign Affairs*（《外交事务》）、*Foreign Policy*（《外交政策》）、*Oil & Gas Journal*（《油气杂志》）、*OECD Economic Outlook*（《经合组织经济展望报告》）、*OECD Observer*（《经合组织观察员》）、中国外交部国家与地区资料、联合国条约集、斯德哥尔摩国际和平研究所数据库资源、联合国粮农组织数据库、牛津分析简报、国际货币基金组织国别信息报告、美国中央情报局世界手册、中东研究与信息项目、得克萨斯大学地图数据库等资源。

（2）组织架构独特，发挥研究特长。不同于传统的智库建设组织架构或是一般公司的组织架构，研究院立足特点，将"国际问题"这一研究特点定位发挥到最大，除了必需的部门，研究院专门设立了习近平外交思想研究中心、国际战略研究所、世界经济与发展研究所、美国研究所、亚太研究所、欧洲研究所、发展中国家研究所、欧亚研究所、拉美和加勒比研究所，力争将自身优势发挥到最大，形成独特的运营特点和品牌效应。

3. 启发与工作建议

把握自身定位，发挥最大优势。除了参照国内外其他智库的多方位全领域综合发展以外，也可以参照中国国际问题研究院的发展模式，将国际问题一门优势结合其他学科做大做强。立足自身行业领域研究最大优势，以其他学科进行辅助，最后形成独特的能源研究体系。

（四）中国科学院

1. 基本概况

中国科学院成立于 1949 年 11 月，为中国自然科学最高学术机构、科学技术最高咨询机构、自然科学与高技术综合研究发展中心。中国科学院集科研院所、学部、教育机构于一体，确立了"民主办院、开放兴院、人才强院"的发展战略，以及面向世界科技前沿、面向国家重大需求、面向国民经济主战场，率先实现科学技术跨越发展、率先建成国家创新人才高地、率先建成国家高水平科技智库、率先建设国际一流科研机构的"三个面向""四个率先"的办院方针。全院共拥有 12 个分院、100 多家科研院所、3 所大学、130 多个国家级重点实验室和工程中心、270 多个野外观测台站，承担 20 余项国家重大科技基础设施的建设与运行，正式职工 7.1 万余人，在学研究生 6.4 万余人。建立了完整的自然科学学科体系，在解决关系国家全局和长远发展的重大问题上，已成为不可替代的国家战略科技力量。一批科学家在国家重大科技任务中发挥了关键和中坚作用，并作为我国科技界的代表活跃在国际科技前沿。

2. 品牌影响力具体做法

（1）建设自主科研体系，深耕专业化研究领域。自建院以来，中国科学院服务国家战略需求和经济社会发展，始终围绕现代化建设需要开展科学研究，产生了许多开创性科技成果，奠定了新中国的主要学科基础，自主发展了一系列战略高技术领域，形成了具有中国特色的科研体系，带动和支持了我国工业技术体系、国防科技体系和区域创新体系建设。

（2）围绕国家发展战略，制订长期目标规划。中国科学院启动实施"率先行动"计划，以其自身高度的责任感和紧迫感、自觉性和坚定性，贯彻"立足当前，着眼未来，既面向国家重大需求作出创新贡献，又面向世界科技前沿追求学术卓越，以深化改革促进创新发展，以重点突破带动整体跨越"的指导思想，前瞻谋划，系统设计，积极思变，主动改革，以点带面，蹄疾步稳，努力实现"四个率先"的目标。

3. 启发与工作建议

围绕国家导向，跟紧时代发展。智库的研究应该紧密围绕政府和发展的需求，以此提供政策的建议和解决方案，时代在发展的变革当中，需要跟进的问题也随之改变，需要拥有高技术领域网络、特色的科研体系来更好地去根据时代所需来制定政策。

（五）清华大学国情研究院

1. 基本概况

清华大学国情研究院（以下简称国情研究院）是清华大学下属的一个跨学科、多领域的研究机构，专注于研究中国的国情，以及与之相关的经济、社会、政治、文化等领域的问题。国情研究院致力于为中国的政策制定和战略规划提供科学依据与智力支持。1999 年，在中国科学院和清华大学共同支持下，中国科学院—清华大学国情研究中心成立。经过十余年的发展，经学校批准，2011 年国情研究中心正式升格为清华大学国情研究院。2015 年，国情研究院代表清华大学参加国家高端智库建设，成为首批国家高端智库建设试点单位。2020 年，根据上级部门要求，清华大学成立国家治理与全球治理研究院，在体制机制上促进清华大学更多校级智库参加国家高端智库建设，国情研究院也成为重要支撑研究机构之一。

2. 品牌影响力具体做法

（1）注重跨学科交叉性研究。国情研究院研究团队的专业背景主要集中在经济学、政治学和公共管理这三个学科，团队成员普遍重视多学科交叉研究，广泛应用经济学、政治学、公共管理、人口学、历史学等学科理论与方法开展不同主题的国情研究。

（2）以面向国家重大需求进行前沿性、战略性研究。国情研究院立足于响应国家重大战略与公共政策需求。因此，国情研究院有很多科研往往聚焦于五年规划、中长期战略和一些国家发展战略前沿选题。

国情研究院主要研究背景嵌入经济、政治、社会、文化、生态文明"五位一体"的国家发展总体布局，同时保持国情、国力与国策"三位一体"的研究方向，坚持问题导向与战略导向相结合。

（3）注重智库成果转化和智库产品传播。国情研究院通过自主研究撰写的《国情报告》发挥政策话语领域的影响力，把《国情报告》作为智库和决策者之间交流的"桥梁"；通过海外出版，团队主动加强与国际学术界的交流，讲好中国发展与治理的故事。此外，还开展不同类型的社会服务，如"国情讲坛"和自媒体建设。截至2023年10月，"国情讲坛"已经举办了60期，取得了很好的效果，同时把"国情讲坛"定义为"人民课堂"或"社会之课堂"，把各个领域的一流专家请到学院来，通过和"光明网"合作进行同步直播。

3. 启发与工作建议

加强跨国交流，开展国际高端智库合作。通过建立联合研究项目、学术交流计划和国际会议，进一步与国际顶尖学术机构和智库的合作交流，增加国际视野和影响力。聚焦于全球治理、国家发展、区域安全等重要议题，促进不同文化背景下的学者共同研究，提出创新性的解决方案。在国际关系和全球问题上，与不同国家的研究机构建立双边或多边的研究框架，深入探讨和应对全球性挑战。为国际组织或外国政府提供咨询服务，分享自身的发展经验，同时学习国外的先进理念和实践。

第二节 国际先进智库的经验与启示

一、国际智库发展状况

在当今时代，智库在国家智力资源与决策咨询中扮演着举足轻重的角色，其日益凸显的重要功能引起了国际社会的广泛关注与高度重视。国际社会更清晰地认识到了智库在推动国家发展、优化决策过程等方面的重要作用，加快了智库建设的进度。总体来说，国际智库发展具有以下特点：数量不断快速增加；国家政府决策对智库的依赖日益加深；成为引领和影响社会舆论的意见领袖机构；社会影响力持续扩大，形成思想产业现象；智库之间争夺国际话语权的竞争加剧；等等。

亚洲在智库建设领域的发展态势蓬勃。在 2020 年 TTCSP 全球智库数据库的统计中，亚洲地区智库数量显著增长，共计 3389 家，全球占比达到 30.3%。在智库数量上成功超越了长期占据榜首的欧洲，成为世界上拥有最多智库的地区。

中国智库的数量迅猛增长，在全球智库领域中占据重要地位。至 2020 年统计数据显示，中国拥有智库数量达 1413 家，在全球拥有智库的国家中居第 2 位。其中，全球化智库（Center for China and Globalization）进入 2020 年全球顶级智库百强榜单。

2020 年，印度以 612 家智库居第 3 位。其中影响力较大的智库有印度观察家研究基金会（Observer Research Foundation）、印度政策研究中心（Center for Policy Research）、印度防务研究与分析所（Institute for Defence Studies and Analyses）等。

韩国智库数量大幅增加，以 412 家的智库数量居第 5 位。韩国的代表性智库组织主要包括教育、外交政策、科技决策咨询及与国家统一相关的研究机构，如韩国教育开发院、韩国对外经济政策研究院（Korea Institute for International Economic Policy, KIEP）和韩国产业经济与贸易研究院（Korea Institute for Industrial Economics & Trade，KIET）等。

越南智库数量达 180 家，居世界第 10 位。代表性的智库有越南外交学院和越南社科院中国研究所。

日本智库数量为 137 家，居世界第 13 位。其中日本国际问题研究所（The Japan Institute of International Affairs）被评为"2020年度最佳智库"，在国际智库排名中列第八，成为唯一进入前十的亚洲智库。该所由日本原首相吉田茂倡导成立，作为日本国际问题研究的核心研究所之一，以提高国际关系调研质量、深刻理解各国对外政策为目的。进入21世纪后，日本一些大型企业开始设立智库，如佳能集团成立的佳能集团国际战略研究所、理光集团成立的理光经济社会研究所等。

北美洲的智库数量众多，在全球智库分布中具有显著的地位。截至2020年，北美洲地区（涵盖墨西哥、加拿大和美国）共计拥有智库2397家。其中，美国以2203家智库的数量独占鳌头，不仅是北美洲智库数量最多的国家，也是全球智库数量最多的国家。其中，美国有26家智库位居全球排名前200位，影响力最大的布鲁金斯学会（Brookings Institution）连续三年入选全球顶级智库综合榜单第一位，被评为"卓越智库"。

美国著名的智库还包括对外关系委员会、兰德公司、胡佛研究所、企业研究所、卡内基国际和平基金会、国际战略研究中心、传统基金会等。美国国会还设立了伍德罗·威尔逊国际学者中心（Woodrow Wilson International Center for Scholars）等研究机构，并给予国家资助。

在全球化和多极化的背景下，美国智库的增长数量放缓，开始扩宽加深研究领域，同时提升自身国际影响力，加强与世界各国智库的交流与合作，代表性的智库有清华大学—布鲁金斯学会公共政策研究中心等。

根据《全球智库报告2020》显示，南美洲规模数量迅速扩张，从2008年的538家增加到2020年的1288家，并且智库分布实现了地区范围全覆盖。

2020年，拉美国家运营的智库数量排在前5位的五个国家分别是阿根廷（262家）、巴西（190家）、墨西哥（109家）、哥伦比亚（90 家）和智利（80 家）。这些国家合计拥有的智库数量相当于拉美智库数量的 56%，其中阿根廷和巴西跻身全球智库数量前十国家行列，分别位居第 8 位和第 9 位。

一批拉美智库进入世界优秀智库行列。根据《全球智库报告 2020》的评估结果，巴西瓦加斯基金会（Fundação Getulio Vargas）在全球 174 家顶级智库之中居第 3 位。此外，阿根廷国际关系理事会（Argentine Council for International Relations）处于第 37 位，哥伦比亚的高等教育和发展基金会（Fedesarrollo）和智利的自由与发展研究中心（Libertad y Desarrollo）分别位列第 60 位和第 70 位。

在拉美国家中，巴西的智库发展成就最为突出。巴西的知名智库有瓦加斯基金会、巴西国际关系研究中心（CEBRI）、巴西应用经济研究所（IPEA）、巴西金砖国家政策中心（BRICS Policy Center）等。

2020 年，欧洲智库数量增至 2932 家，占全球智库数量的 26.2%。欧洲的智库数量众多，类型丰富多样，组织方式呈现出多元化趋势。其中，希腊的欧洲与外交政策基金会与比利时的欧洲国际政治经济研究中心进入全球智库百强排行榜。此外，跨区域的智库不断增加，代表性的智库有欧洲对外关系委员会（ECFR）、布鲁盖尔（Bruegel）等。其中，布鲁盖尔成立于 2005 年，是欧洲国际经济学领域的顶尖智库之一，旨在通过开放及事实的研究、分析与辩论来提升欧洲经济政策的质量。

英国以拥有 515 家智库的数量，在全球智库机构国家中居第 4 位。在"2020 年全球顶级智库综合榜单"中，英国共有 174 家智库成功入围，13 家智库进入排行榜。总的来看，英国智库覆盖 TTCSP 研究中的所有领域，且排名具有一定优势。其中，皇家国际事务研究所、伦敦国际战略研究所和欧洲改革中心等老牌机构占据主导地位。历史上的英国智库具有较明显的政党倾向性，研究资金多由政党提供。目前，英国智库研究为增强其独立属性，展开了新智库建设运动。

在 2020 年的全球智库数量排名中，法国以 272 家智库的数量居第 6 位。其中，法国国际关系研究院（French Institute of International Relations）在全球顶级智库中表现出色，位居第 5 位，且连续多年入围全球顶级智库前 10 名的行列。法国代表性的智库还有法国国际和战略关系研究所、巴黎蒙田研究所。

德国的"智库"概念出现较晚，在 20 世纪 90 年代后一批从事智库工作的机构才有了"智库"的身份认同，进而提升了一批新型智库。2020 年，德国有 266 家智库，其智库数量规模持续壮大，并呈现出多样化的趋势。其中，德国伊弗经济研究所影响力较大。该智库隶属于莱布尼茨大学，以其出色的研究工作对德国乃至欧洲的经济政策辩论产生重要影响。

俄罗斯在 2020 年以 143 家智库数量排名全球第 12 位。近年来，俄罗斯政府加大对学术研究和外交政策宣传的资助，且对非政府组织管理趋严，前两类智库逐渐占据主导地位。学术智库主要以俄罗斯科学院、莫斯科国际关系学院、俄罗斯国家研究型高等经济大学等研究机构为代表；政府智库则指获得国家财政资助或与政府关系密切的智囊团，如外交和国防政策委员会、俄罗斯战略研究所、瓦尔代国际辩论俱乐部、俄罗斯国际事务委员会等。其中，在"外交政策和国际关系领域的领先智库"有 6 家俄罗斯智库入选，分别是俄罗斯科学院世界经济与国际关系研究所、美国和加拿大研究所、欧洲研究所、外交和国防政策委员会、莫斯科国际关系学院及俄罗斯国际事务委员会。

21 世纪以来，非洲国家自主探索意识增强，智库数量连年增加。根据《全球智库报告 2020》数据显示，非洲地区的智库数量达到 797 家，相较 2019 年增长了 98 家。此外，2020 年非洲智库在质量和全球影响力方面均有所提升，其在全球智库前 174 位榜单中占据了 16 个席位。

非洲智库在非洲发展中扮演着越来越重要的角色，在引导公众舆论、推动政策制定、引领发展议程等方面发挥重要作用。其中非洲建设性解决争端中心（African Centre for the Constructive Resolution of Disputes）位于南非，是非洲智库中影响力最强的智库机构。《全球智库报告 2020》显示，在撒哈拉以南非洲智库排行榜前 15 位中，非洲建设性解决争端中心居第 1 位。此外，非洲影响力较大的智库还有非洲人口与健康研究中心、南非安全研究所、肯尼亚公共政策分析研究所等。

20 世纪 70 年代以后，随着国际意识和外交主体意识逐渐增强，澳大利亚对开展独立外交的意愿逐渐强化，国际问题研究智库建设开始进入快速发展期。其中历史最为悠久的智库是澳大利亚国际事务研究所（Australian Institute of International Affairs，AIIA）。该智库成立于 1924 年，以外交政策为主要研究对象。澳大利亚有 3 家智库进入了全球智库前 150 名，分别是澳大利亚国际事务研究所、洛伊国际政策研究所（Lowy Institute for International Policy）和独立研究中心（Centre for Independent Studies，CIS）。

二、国际知名代表性智库发展经验

（一）兰德公司

1. 基本概况

兰德公司是美国最重要的以军事为主的综合性战略研究机构。其致力于服务公众利益，是一个非营利、无党派的组织，并逐渐发展成为一个研究政治、军事、经济、科技、社会等各方面的综合性思想库。每年兰德网站研究产品的下载量有五百多万次，关注人群包括政策制定者、学术研究者及广大公众。

2. 品牌影响力具体做法

（1）涉及领域范围广，经营发展投入大。兰德公司与政府、学术机构和私营部门积极合作，为解决复杂的社会、经济和国防问题提供跨领域的解决方案；兰德公司项目经费总额和人均项目经费投入极大，根据兰德公司 2022 年公布数据显示，兰德公司人均项目经费 207 万美元，项目经费总额为 196914 万美元。

（2）研究质量与成果转化水平高。兰德公司以其出色的研究和分析能力著称。他们积极参与各种政策、国防和社会问题的研究，确保提供深度和可信度高的报告与建议。兰德公司人才竞争力强，研究涉及政治、军事、经济、心理等多领域，研究科研成果水平高，项目核心论文发表数为同年度（2022 年）国网能源院的二倍有余；专著出版数量极高，为同期国网能源院出版数的二十多倍。

（3）企业治理水平高，人才培养机制完善。兰德公司研究人员数量多、涉及领域广。人员数量多的同时其管理机制出色，设立 37 个顾问委员会，保证高水平的质量管控体系。

（4）注重形象建设，提高国际影响力。始终保持中立性和独立性，兰德公司的研究不受政治或商业利益的影响，使得其观点在政府、学界和业界备受尊重；其多年来持续提供高质量的研究成果，建立了企业声誉，在国际上长期树立杰出的企业形象，有助于吸引顶尖研究人员和合作伙伴。

（5）回应社会关切，重视民众作用。兰德公司通过举办研讨会、发表出版物和举办公共演讲来吸引民众，收集民众声音，促进理解关键问题尤其是教育、民生等与民众息息相关的问题。

3. 启发与工作建议

（1）加大资源投入。兰德公司重视人才培养与项目资源投入，基于其深厚的底蕴和独特的经营特点，吸引了大量的人才，并且保持长期以来良性运行。智库应在经营允许的限度内，适当增加资金投入、放宽研究人员自主性，提高研究效率，推出更多成果。

（2）关注成果转化。不只局限于项目建设，与此同时要注意将研究成果转化为知识成果，将效益最大化，学术和研究领域"两手抓"。力争在学界和业界都能占领一席之地，这也将成为吸引人才的一大有力途径。

（3）重视人才培养。兰德公司重视人才建设，从其刚成立之时就将大量资金投入到人才建设上。智库需要进一步吸纳人才，尤其是吸纳复合型人才，以此扩大研究范围，做出更多成果。同时要规范人才管理，参照兰德公司的人力管理体系，可以适当对公司内部进行改革。

（4）回应社会关切，重视社会影响力。在智库现有的体制机制下，在对管理机制进行创新的基础之上，面向全社会做出部分研究成果展示，在全社会广泛宣传，拓展国际传播业务，向全世界展现自身企业形象，逐步形成品牌效应。

（二）牛津能源研究所

1. 基本概况

牛津能源研究所专注于能源领域的研究和政策分析。该研究所致力于解决全球能源挑战，包括气候变化、可再生能源、能源安全和能源政策等问题。它汇集了跨学科的研究人员，进行关于能源生产、分配和使用的研究，并提供政策建议，以推动可持续的能源转型。该研究所的工作对于塑造未来的能源政策和实践具有重要影响力。

2. 品牌影响力具体做法

（1）研究领域广泛。该研究所致力于广泛的能源领域研究，包括能源政策、能源市场、可再生能源、石油和天然气、气候变化等方面。符合当今可持续发展和人类命运共同体建设的持续需求。

（2）国际声誉较好，品牌形象优质。牛津能源研究所因其高质量的研究成果和国际声誉而闻名，被认为是全球能源领域的重要智库之一。其研究成果常常被政府、国际组织和业界用于制定政策与战略决策，具有广泛的社会影响力。在宾夕法尼亚大学《全球智库报告2020》中居能源领域全球智库第一位。

（3）重视学术培养与人才建设。研究人员积极在学术期刊上发表研究论文，为学术界提供了有价值的见解和研究成果。该研究所还提供能源领域的培训和教育项目，培养了许多专业人才；与其他国际研究机构和大学开展合作，共同推进能源研究和解决全球能源挑战。

（4）学科覆盖多元。研究所的工作涵盖多个学科领域，包括经济学、政治学、环境科学等，以跨学科方法解决复杂的能源问题。与此同时，研究所能吸纳各个学科领域的专项人才，共同解决复杂的能源问题，一定程度上能提高研究效率，推进更多项目有序进行。

3. 启发与工作建议

（1）拓展研究领域。在智库现有研究范围的基础上，放眼国际，将自身打造为服务于国内外的国际高端智库。

（2）树立优质企业形象。牛津能源研究所长期以来以其高质量的研究成果而出名，早在社会上形成了"标杆"，智库应始终保持以研究优质成果为第一目标，尽快在社会上树立良好形象。

（三）布鲁金斯学会

1. 基本概况

布鲁金斯学会是美国的一家非营利性独立智库和研究机构，是美国最有影响力的政策研究机构之一。其通过研究和政策分析来解决国内与国际事务中的重大挑战。

布鲁金斯学会致力于经济学、政治学、外交关系、社会政策、国家安全、科技和全球治理等领域。它的研究员和专家团队致力于提供有关这些领域的深入分析与政策建议，以帮助政府、决策者、学者和公众更好地理解并应对复杂的全球挑战。

2. 品牌影响力具体做法

（1）独特的政策分析，致力于品牌建设。布鲁金斯学会以其独立、客观、高质量的研究和政策分析而闻名。这有助于建立其品牌的权威性和可信度，吸引政策制定者和媒体的关注。该机构与政府部门和国际组织合作，参与政策制定过程，从而直接影响政策决策，这有助于树立其在政策领域的专业声誉。

（2）利用媒介平台，关注社会舆论。布鲁金斯学会积极参与公共传播，通过与媒体的合作，发布研究报告、政策建议和评论文章，以扩大其影响力。同时，积极利用社交媒体平台，发布研究成果、观点和新闻，与关注其领域的人士互动，扩大其线上影响力；除了传统媒体，布鲁金斯学会也采纳包括电子邮件、网站、社交媒体、视频平台等新媒体渠道以扩大影响范围。此外，布鲁金斯学会还通过举办公共活动和参与国会听证等方式，增加与公众和相关部门的沟通机会，提升其线下影响力。

（3）扩大业务范围，推动广泛合作。与其他国际研究机构、大学和非营利组织建立战略合作伙伴关系，以扩大研究和政策影响的范围。布鲁金斯学会组织各种公开活动、研讨会和讲座，邀请专家和政策制定者参与讨论，以增强其在学术界和公众中的知名度，目的是扩大其国内外影响力与传播力。

（4）紧跟时代变化，及时调整策略。金融危机之前，布鲁金斯学会的研究强调以美国为核心，为美国相关领域决策者提供经济、政治等方面问题的具体解决方案。2008年以后，金融危机日益成为全球共同面临的重要问题，美国问题的解决与全球问题的出现和解决密切相关，为了能提供更有效、合理的问题解决方案，布鲁金斯学会的研究视野逐步转向全球。

布鲁金斯学会近十年来研究的政策视角从关注短期、微观层面的具体政策逐步转向长期、宏观层面的政策。随着美国出现的问题与世界所面临问题的界限日益模糊，以及学会的研究视野逐步国际化，学会的研究更加关注长期的宏观政策。

3. 启发与工作建议

（1）合理利用媒介，塑造自身形象。国际高端智库善于利用社交媒体树立自身形象以提高知名度，提升国际传播力。智库可以尝试在媒体上提高出镜频率，提高社会曝光度和关注度。

（2）紧跟社会变化，合理调整策略。在坚持国家规定的大政方针的前提下，适度发挥自主性，结合自身优势研判未来研究重点方向，提前做好规划应对新挑战。同时可以设置专项资金，固定用来关注研究导向，为获得一手资料助力。

（四）城市研究所

1. 基本概况

城市研究所是美国林登·约翰逊（Lyndon Baines Johnson，1968）总统于 1968 年创立的非营利性政府合同型研究机构。其拥有包括社会科学家、经济学家、数学家、人口统计学家、数据科学家等近 500 名员工，下设教育政策中心、收入与福利政策中心、国际活动中心、刑事政策中心、非营利与慈善事业中心等 12 个政策研究中心，从 23 个不同研究领域进行深入研究。城市研究所秉持"凭借事实而非由意识形态塑造的决策能够改善公共政策和实践"的理念，广泛关注劳工政策、人口迁移、教育、住房等问题，重点研究街区变化、城市变迁、住房项目和福利改革、种族隔离等问题，为从业者、政策制定者以及致力于改变世界的企业和社区领导者提供有价值的信息。

2. 品牌影响力具体做法

（1）以改善社会经济福祉为目标。城市研究所提供一些倡议专注于通过各种途径促进社会公平和经济流动性，以及提高社区的整体福祉。例如，研究所针对如何能够在很少或没有成本的情况下支持慈善部门，以及如何在不损害慈善捐赠的情况下筹集收入等问题提供了一些建议。

（2）利用多种渠道发表传播研究成果。城市研究所主要的研究产品有其发布的研究报告、频繁更新的博客及美国城市数据库等。截至 2019 年 5 月，城市研究所共有出版物近 7500 篇，平均每月发布 30～40 篇报告，种类涵盖研究报告、研究简讯、期刊文章及情况说明书等类型。同时，发表博客文章 2285 篇，其内容涉及城市研究所研究的各个领域。其所内研究人员和政策专业人员提供一些直接的服务，创建了创新的、可访问的可视化数据，向使用人员传递最为精确、直观的数据。

（3）积极开展跨中心联合研究项目。汇集不同领域的专家知识，共同解决城市化过程中遇到的复杂问题。跨中心研究项目能够促进多学科交流，推动创新，形成更为全面和深入的研究成果。合作的成果不仅能够为城市发展提供理论支持和实践指导，还能够为各个研究中心带来新的研究视角和方法，促进科学研究的进步。

3. 启发与工作建议

（1）实现数据化驱动决策制定。现代城市管理和规划的核心原则是由数据驱动的决策制定。通过利用数据来更加精确地理解城市的运作，做出更明智的决策。其制定者需具备跨学科的知识和技能，能够理解和分析大量数据，以及运用这些数据来解决复杂的城市问题。随着技术的进步，数据驱动的方法将变得越来越重要，为城市规划和管理提供新的机遇。

（2）搭建交流渠道，构建合作网络。学术机构、私营部门、政府和非政府组织之间加强合作，以促进知识的转移和技术商业化，制定灵活的法规，以便快速适应新技术和业务模型，同时确保公众的知识产权保护，保护其创意和创新成果，鼓励研发和技术转移。

（五）日本亚洲经济研究所

1. 基本概况

日本亚洲经济研究所于 1960 年设立，针对发展中国家和地区的经济、政治、社会等各种问题进行基础性、综合性的社会科学研究。1998 年与日本贸易振兴会整合，成为日本贸易振兴会的附属研究机构。研究所致力于基于地方经验和实证经验的基础研究与综合研究工作，以研究亚洲为主，同时研究中东、非洲、拉丁美洲、大洋洲、东欧等地区的发展中国家，为日本扩大同发展中国家的贸易往来和经济合作服务。此外，日本亚洲经济研究所作为日本最大的发展中地区资料情报中心，便于与其他国家开展国际合作研究及国际交流，协助发展中国家培养人才。

2. 品牌影响力具体做法

（1）打通传播渠道，传播智库核心思想。日本亚洲经济研究所注重成果的宣传和推广，通过出版物、学术讨论会、讲座报告，利用各类媒体平台宣传其政策主张，唤起社会对政策研究的关注。其最大特色就在于它是一个由不同区域、不同学科研究人员组成的巨大的知识集群，通过不同领域人员相互互动、碰撞产生跨学科、跨地域研究成果。

（2）拓展国际交流，推动海内外协同合作。日本亚洲经济研究所构建了一整套培养区域研究人才的体系。该所的海外派遣制度，要求研究人员在入职后数年之内，必须前往研究对象国至少工作两年。其制度的设定，使其在学术生涯早期就建立伙伴关系，积累学术资源，更好地形成庞大的学术网络，为其研究所日后发展提供更深的基础。

3. 启发与工作建议

注重人才培养，建立合作关系。在智库的建设当中，人才是组织极其重要的一部分，通过设立海外研究项目或交流项目让研究人员有机会深入了解更多的国际形势，或目前要研究的发展领域，确保其对研究方向的了解和对未来政策制定提供全面的知识储备。鼓励不同学科背景的研究人员合作，建立良好的合作关系，推动跨学科的研究和创新。

8 第八章
新型智库建设的未来趋势与挑战

新形势下智库建设的挑战

党的十八大以来，我国高度重视中国特色新型智库建设，智库发展步伐不断加快，迎来了全新的发展机遇。但与此同时，随着全球化、网络化的发展，各国之间的战略对话、经济互存关系日益加深，国际的摩擦和舆论地位的争夺也在扩大。全球智库在不同国家和地区的分布与发展极不均衡，仍以欧美等发达国家和地区占主导。新形势下，中国智库若想在国际舞台上掌握话语权仍面临一些挑战。

一、国际局势变化

当前全球政治仍然面临着相当大的不确定性，近年来"反全球化"的浪潮给智库建设带来了新的挑战。国际局势波诡云谲、地缘政治关系紧张，全球化下的国家身份迷失、政府信任危机和信息不稳定性持续发酵，全球性的民粹主义、民族主义、本土主义、保护主义政治运动席卷了北美、欧洲、拉美等地，表现出"反政府""反精英""反全球化""改革关键议题的激进主义""解决复杂问题的简单方式"等鲜明特征。这些"反智"的主张与行为，使智库发展面临着前所未有的严峻挑战，使新增智库数量出现下降。

世界正逐步过渡到多极化格局，复杂议题、多元主体、全球竞争和国际冲突给智库发展带来了更多竞争与挑战。智库只有在全面深入地分析、研判国际局势的基础上，促进国际合作和理解，在提供政策建议时具备高度的灵活性和预见性，适应不同国家和地区的政策环境，才有可能顺利应对全球性挑战。

二、国内发展需求

随着中国经济社会的快速发展和国家治理体系的不断完善，国内各领域发展出现了多元化的趋势，对智库建设提出了更高的要求。中国目前正处于现代化发展的关键阶段，面临着经济转型和产业结构调整的局面；同时，中国社会仍然存在就业、人口老龄化、环境、贫富差距较大等社会问题和社会矛盾，然而一些智库无法真正实现进入基层调研，发现和解决行业或地方发展过程中遇到的实际问题，导致研究内容束之高阁、研究成果浮于表面。这就需要智库不断提升自身的综合研判能力，与国家战略需求紧密结合，积极参与到教育、医疗、经济等社会问题的研究中，提供针对性强、可操作性高的政策建议。

三、科技竞争压力

科技革命和新兴技术的迅速发展正在深刻地改变世界。智库需要不断更新知识结构，紧跟技术前沿。一方面，大数据、人工智能等新技术的应用提升了智库的研究效率和精准度；另一方面，新技术的快速迭代也给智库的建设和发展带来了前所未有的挑战。

首先，科技日新月异给智库的创新能力提出了更高要求，智库需要紧跟时代步伐，不断更新知识结构和研究手段，以适应新的社会发展需要。其次，随着大数据和云计算的快速发展，智库无法避免地在整理、分析数据时利用新技术工具来提高研究效率和研究质量，但数据安全和隐私保护的挑战也随之而来。如何确保数据的安全性和隐私性，防止数据泄露和滥用，也是新形势下智库建设需要面临的关键性挑战。此外，如何将新技术与智库的研究工作深度融合，发挥科技为智库带来的最大效用同时保持研究的独立性和客观性，也是智库需要思考和解决的问题。

四、智库资源缺口

当前智库建设面临的资源缺口主要有以下两个方面。

一是人才资源缺口。目前我国一些智库仍然存在人才配置不合理、人才队伍断层等问题，专职研究员和工作人员的"主辅"人才比例失调。以兰德公司为例，其专职研究人员和工作人员占比为3∶2；而中国社会科学院占比接近1.2∶9。同时，面对复杂的全球性问题，一些智库仍然需要引进具备跨学科知识和技能的国际化人才，以满足具有国际视野和跨文化研究的需要。

二是传播资源缺口。互联网时代的到来，为智库成果传播拓展了更多的渠道和平台，但当前智库研究成果的传播依然是以在学术期刊上发表学术论文、出版智库研究著作和咨询报告等形式为主，由于专业性的理论研究缺乏一定的公共属性，媒体和网络传播渠道尚未完全打开，大众对于智库的知晓程度较低，导致智库的社会影响力较为局限。此外，中国智库的国际影响力还有待提高，参与国际交流合作的主动性相较于西方发达国家智库还略有不足，在面对国际智库舆情热点时偶尔会处于"集体失声"的状态，亟待提高智库的国际前瞻性和引领价值。

第二节　智库高质量可持续发展的思路

国际先进智库在几十年的发展历程中，产生了一系列各行业、各研究领域的著名成熟智库组织机构，尤其是在美国、欧洲、日本等发达国家和地区，高质量、可持续的智库建设处在国际领先地位。同时，在习近平总书记关于加强中国特色新型智库建设的一系列系统性批示、讲话的指引下，中国智库也逐渐迈向高质量发展的新台阶，从中国基本国情出发，围绕中心、服务大局，把握为党咨政、为国建言、为民服务的职责使命，形成了一批高质量智库成果，在解决中国问题、提供中国方案、推动我国国家治理体系和治理能力现代化上发挥了积极作用。

从以上关于国内外优秀智库案例建设发展及品牌影响力做法与启示的分析中，可以提炼出智库如何实现高质量可持续发展的经验，对新型智库建设与提升品牌影响力具有较强的启示意义。

一、明确自身研究定位和规划

智库高质量可持续发展首先要具有明确的研究定位和长期的发展规划。例如，国网能源研究院立足国家电网公司，专注国家能源战略和能源电力行业的项目研究；日本亚洲经济研究所则专注于发展中国家和地区的研究，为日本的国际合作和贸易服务。这些优秀智库都紧密围绕其研究定位，开展长期有规划性的研究活动，由此形成了自己的专业优势和品牌影响力，促成了高质量可持续发展。

智库作为政府、企业、社会组织等的决策支持系统，其根本目标就是提供高质量的理论成果和战略规划。因此，智库需要深入了解当下的政策需求、社会发展趋势和公众关切，根据自身所处的行业关键性问题，明确研究定位和重点，为各领域决策和社会发展提供科学支撑。智库应该根据社会需求和自身专长，明确定位研究领域，避免过于广泛或过于狭窄的范围，以确保研究的深度和专业性。

二、提高智库研究成果创新质量

研究成果是智库的生命线，其成果的质量是智库高质量可持续发展的关键所在。推动智库高质量可持续发展，要坚持守正创新、坚持问题导向，着重提高智库研究质量，紧跟时代步伐，顺应实践的发展变化，加快成果创新。

智库需要注重研究过程的科学性和严谨性，加强数据的收集和分析能力，提高研究成果的创新性和实用性。目前，一些智库仍然存在着研究成果数量优先而质量欠缺、形式传播优先而内容创新不足的问题，导致许多智库的研究成果同质化问题较为严重。因此，智库要关注当下行业领域的热点方向，增强问题意识，深入开展调查研究，着力提高研究质量；同时也要积极应对当下全球发展的新形势，加强与政府、企业、社会组织的合作与交流，在政策引导方面敢于提出新的理论观点、新的治理模式，拓宽研究视野，提升研究价值。

三、强化智库人才队伍建设

人才是智库的核心力量，智库高质量可持续发展的基础是拥有强大的智库人才队伍。可以发现国内外优秀智库案例都有相当庞大的研究团队和研究设施，可以充分发挥智库高层次人才和领军人物的带头作用，致力于深入研究各个领域的政策和实践问题。智库建设应该重视人才培养和引进，在人才队伍建设上投入更多的资金和时间，吸引和培养一批具有深厚学术背景、丰富实践经验和敏锐洞察力的优秀人才，为智库的长期发展提供源源不断的动力。同时，智库要注重维护研究人员的合法权益，保障研究人员的薪酬福利，建立科学的人才激励机制，激发研究人员的研究积极性和创新活力，提升研究团队的整体水平。

四、完善智库管理体制机制

熊立勇（2018）认为，智库的管理体制机制与不同国家的社会制度密切相关。发达国家的优秀智库与政府之间保持着相对独立的关系，其发展模式比较优越，智库的发展活力也较高。智库高质量可持续发展，既需要政府给予其政策和经费支持，也需要让渡给智库足够的专业化自主研究空间，以免智库只扮演政策宣传的角色而失去了为整个社会发展提供理论服务和政策方向的意义。

智库还要强化研究过程的规范化管理，重视研究项目的组织和议题设计的能力，建立并完善课题项目研究的跟踪督办、组织专家评审、结题评优等制度，确保智库研究进程的高质量顺利推进。

五、提升智库成果转化传播能力

智库作为理论知识型研究机构，其成果种类主要包括研究论文、研究报告、专著等。智库所生产的成果是其思想载体，也是智库发挥影响力的重要依托，因此，智库成果的产品转化和传播往往直接形成决策者的关注度与采纳度。

推进智库高质量可持续发展，应建立健全成果转化机制，提升成果转化和传播能力。智库可以通过参与公共传播、发布研究报告和政策建议、举办公共活动等方式，扩大其影响力和知名度，提高其在政策制定和学术界的地位，从而提升智库品牌影响力。

在互联网新媒体时代，智库研究成果可以通过官方网站、博客、推文、短视频等多种形式进行有效转化和应用，积极宣传智库的研究成果，使其真正发挥其价值。智库也需要积极搭建自己的成果展示和交流平台，利用现代信息技术建立智库产品推销平台，加强与政府、媒体等渠道的沟通合作，推动研究成果的广泛传播和实际应用。

六、拓宽智库对外合作交流渠道

国际高端智库通常具有广泛的合作与交流渠道，与其他国际研究机构、大学和非营利组织建立战略合作伙伴关系。这种合作模式不仅有助于扩大研究和政策影响的范围，还能够促进知识和资源的共享，提高智库的研究水平和国际影响力。

因此，智库可以通过设立海外研究中心、参与国际性组织、与其他国家同行业领域智库组织交流论坛、召开国际学术会议等方式，建立广泛的国际链接，利用国际平台在世界范围内发声，从而为推进智库高质量可持续发展提供来自多方的价值和力量。

第三节 面向未来的智库发展对策与建议

一、规范智库管理，完善运营机制

推进智库发展，首先要建立科学、规范的智库管理运营机制，要制定明确的机构管理和职务设置制度，包括智库的组织架构、各部门职责及人员职务的划分与设置。要确保智库专职研究员和其他岗位工作人员都有明确的职责和工作范围，形成合理的人员安排和工作分工。

其次，要建立完善的科研项目管理制度。项目研究是智库的核心工作，因此需要制定合理的项目立项、实施、评估等科研全环节管理制度，确保项目的科学性和可行性，提高研究成果的质量和影响力。

此外，要重视知识产权保护和成果转化机制的设立。研究成果是主要资产，应制定知识产权保护制度，确保研究项目合法合规及研究成果的安全性。与此同时，还需要建立成果转化管理制度，推动研究成果的推广和应用，实现智库社会效益和经济效益相统一。

二、深入基层调研，解决实际问题

调查研究是谋事之基、成事之道。深入基层进行调查研究应该成为智库工作的基础。深入基层和群众，发现和解决行业或地方发展过程中遇到的深层次实际问题，以扎实的田野调查、对话调研工作掌握一手资料，提升智库研究成果的说服力和含金量。通过与地方政府、企业和社会组织等合作，开展有针对性的研究，从而提出有针对性、可操作性强的政策建议，实现实践基础上的理论创新。

三、紧跟科技前沿，提升创新能力

新一代信息技术、知识技术的深度应用，为智库发展带来了更多的机遇与可能。智库应紧跟科技革命和新兴技术的发展趋势，充分合理利用智能技术、知识技术，尤其是 GPT 带来的"知识涌现"，进行知识集成、知识学习、知识关联、知识挖掘等工作，在充分吸收已有专业知识基础上的专业性知识创造，提高研究效率。但要注意，智库研究在利用新一代信息技术时，还需要密切关注 GPT 技术带来的"知识迷雾"和"知识幻觉"，准确识别并剔除其带来的负面影响。

四、加强资源整合，优化人才队伍

智库发展应重视资源整合和人才队伍建设，优化资源配置和人才结构。通过引进和培养优秀人才、建立合理的人才选拔和激励机制、加强人才培训和交流等方式，打造一批专业性强、研究素质高、综合能力强的高质量智库工作者，从而发挥研究团队带给智库研究全流程的红利，提高智库综合实力。同时，智库也要注重跨学科背景的人才培养，实现理工类学科和人文社科领域的跨域融合研究模式。

智库的持续发展也离不开稳定的资金支持。智库应实现多元化资金来源，包括政府拨款、项目委托、民间捐赠、产品服务收费等，确保研究的顺利开展。还要加强与政府、企业和社会组织等机构的合作，整合各方资源，统筹人力、物力、财力以形成合力，推动智库高质量发展。

五、拓宽传播渠道，提高社会影响力

智库成果的有效传播是推动新型智库发展的核心动力，也是加快智库研究成果向实际应用转化的关键环节。智库应积极拓展研究成果的传播渠道，抓住社会当下的关注点和讨论热点议题，让智库产品能够成为在重大社会舆情事件中舆论引导的理论依据，及时全面地发布有价值的研究成果，提高智库的社会影响力。此外，智库也要顺应互联网新媒体时代的信息流通趋势，不再拘泥于智库研究成果以内参报送这一传统形式影响政府和行业决策，要注重与媒体和网络平台的合作，推动智库研究成果的广泛传播和普及，从而促进智库产品链、价值链的有效延伸。同时，要提高智库研究成果的公共属性，扩大智库研究成果的受众范围，吸引更多公众参与讨论和互动，增强智库在社会发展中的责任意义。

六、深化对外交流，掌握国际话语权

智库是"讲好中国故事，传播好中国声音"的重要主体，是提升我国文化软实力和国际影响力的直接参与者。面对当前国际局势的变化，智库应积极参与国际交流与合作，加强与国际知名智库的对话与沟通。一方面，通过组织国际论坛、召开国际学术会议、参与大型外事活动等方式，建立广泛的国际链接，利用国际平台在世界范围内发声，提升中国智库的国际影响力；另一方面，智库要准确把握世界重大议题，在应对全球性挑战和人类社会普遍存在的矛盾等问题上积极回应国际关切，发挥智库的舆论引导功能，提出中国方案，让中国智库研究成果流向国际对话场域，为全球治理贡献中国智慧。

参 考 文 献

［1］白玉，乔鹏涛．基于层次分析法的品牌竞争力综合评价研究［J］．科技进步与对策，2005，22（12）：140－142．

［2］邴红艳．品牌竞争力影响因素分析［J］．中国工程科学，2002，4（5）：79－83，87．

［3］卜若菲．基于许可费节约法的品牌价值评估方法研究［D］．北京：北京交通大学，2019．

［4］蔡继辉，张艳丽．中国智库发展现状与政策建议：基于100家智库管理人员的调查［J］．智库理论与实践，2023，8（4）：22－31，41．

［5］陈国营，鲍建强，钟伟军，等．中国大学智库评价研究：维度与指标［J］．高教发展与评估，2016，32（5）：18－29，119－120．

［6］陈升，孟漫．智库影响力及其影响机理研究：基于39个中国智库样本的实证研究［J］．科学学研究，2015，33（9）：1305－1312．

［7］陈思宇，李永先．国内外智库评价研究综述［J］．改革与开放，2018（17）：108－111，115．

［8］陈媛媛，李刚．智库网站影响力评价指标体系研究［J］．图书馆论坛，2016，36（5）：25－33，62．

［9］陈振明．党中央治国理政政策思想与中国特色政策科学理论构建［J］．中国行政管理，2017（2）：6－11．

［10］陈振明．公共政策分析导论［M］．北京：中国人民大学出版社，2015．

［11］崔雅楠．基于实物期权法的品牌价值评估及案例研究［D］．武汉：华中科技大学，2014．

［12］代春艳．发挥行政学院在新时代意识形态工作中的主阵地作用［J］．辽宁行政学院学报，2018，20（4）：5－7．

［13］邓诗鉴，郭国庆，周健明．品牌联想、品牌认知与品牌依恋关系研究［J］．管理学刊，2018，31（1）：44－53．

［14］丁炫凯．中国特色新型智库传播力评价体系研究［D］．南京：南京大学，2018．

［15］樊振宇．BP 神经网络模型与学习算法［J］．软件导刊，2011，10（7）：66－68．

［16］范秀成，冷岩．品牌价值评估的忠诚因子法［J］．科学管理研究，2000，18（5）：50－56．

［17］方集．基于因子分析法的品牌定位测评模型构建及实证研究［D］．重庆：重庆大学，2005．

［18］费园园，杜孝珍．我国高校智库发展现状及路径探析［J］．新疆社科论坛，2015（4）：100－105．

［19］郭瑞，杨天通．我国智库评价研究：现状与未来展望［J］．智库理论与实践，2022，7（1）：51－60．

［20］郭瑞．中国高校智库评价研究［D］．武汉：华中师范大学，2020．

［21］郭晓平．简析我国民航咨询企业发展历程及相关发展建议［J］．民航管理，2021（8）：22－26．

［22］何建民．西方品牌理论述评：创建与管理品牌的方法［J］．上海商业，2001（12）：12－15．

［23］胡琴，郑向前．成本法在无形资产价值评估中的应用［J］．财会通讯，2009（29）：112－113．

［24］胡晓云．品牌价值评估研究：理论模型及其开发应用［M］．杭州：浙江大学出版社，2013：57．

［25］胡逸戓．基于 SWOT 分析的党校图书馆智库建设研究［J］．内蒙古科技与经济，2021（3）：137－139，141．

［26］黄晓斌，张明鑫．智库网站的公众可用性评价指标研究［J］．数字图书馆论坛，2019（8）：59－64．

［27］江蕊，何人可，谭浩．基于消费者体验的产品品牌领导力建设研究［J］．包装工程，2006，27（1）：190－192．

［28］蒋廉雄，冯睿，朱辉煌，等．利用产品塑造品牌：品牌的产品意义及其理论发展［J］．管理世界，2012（5）：88－108，188．

［29］焦利勤．广告策略在提升品牌影响力中的应用研究［D］．广州：暨南大学，2009．

［30］解丽颖．地方高校智库促进地方发展的对策研究［J］．中外企业家，2016（27）：236－238．

［31］金立印．虚拟品牌社群的价值维度对成员社群意识、忠诚度及行为倾向的影响［J］．管理科学，2007，20（2）：36－45．

［32］柯银斌，马岩．企业智库的战略定位［J］．智库理论与实践，2017，2（2）：84－91．

［33］孔琪颖，蔡斐，张利平，等．学术期刊品牌网络营销：以《航空学报》中、英文版为例［J］．编辑学报，2011，23（S1）：125－127．

［34］李安方．中国智库竞争力建设方略［M］．上海：上海社会科学院出版社，2010．

［35］李光斗．品牌竞争力［M］．北京：中国人民大学出版社，2004．

［36］李国强．对"加强中国特色新型智库建设"的认识和探索［J］．中国行政管理，2014（5）：16－19．

［37］李健，马增军．美国防务智库现状及主要特征［J］．智库理论与实践，2016，1（2）：50－54，107．

［38］李金锴，陈珏颖，冯祎宇，等．中国特色农业智库建设要求、存在问题及政策建议［J］．世界农业，2019（10）：13－17，39，130．

［39］李津．基于隐性需求的动漫品牌资产形成研究［D］．天津：天津财经大学，2009．

［40］李敏，文燕，李为民，等．高校教育智库建设为区域服务的研究：以四川地区为例［J］．时代农机，2019，46（12）：135－137．

［41］李文静．舆情应对的评价指标体系及其构建［J］．重庆社会科学，2017（5）：103－111．

［42］李晓青，周勇．中外企业品牌管理研究综述［J］．商业研究，2005（21）：77－80．

［43］李艳丽．农户向绿色农产品生产转型的研究：基于吉林省农户样本的分析［D］．长春：吉林农业大学，2019．

［44］栗宁远．我国官方智库影响力提升对策研究［D］．哈尔滨：黑龙江大学，2018．

［45］刘伯恩，陈晨，程萍．全球资源智库发展与我国资源智库建设新格局［J］．中国国土资源经济，2019，32（5）：43－49，66．

［46］刘芳，朱沙．中国高校智库发展现状研究［J］．新世纪图书馆，2018（3）：75－78，91．

［47］刘凤军，李敬强，李辉．企业社会责任与品牌影响力关系的实证研究［J］．中国软科学，2012（1）：116－132．

［48］刘建堤．品牌定义与品牌资产理论研究文献综述［J］．经济研究导刊，2012（31）：195－199．

［49］刘细文．走新型智库研究的高质量发展道路［J］．智

库理论与实践，2024，9（1）：1.

［50］刘燕南，刘双. 国际传播效果评估指标体系建构：框架、方法与问题［J］. 现代传播（中国传媒大学学报），2018，40（8）：9－14.

［51］刘耀鸿. 国内档案机构智库建设及智库型服务研究述评［J］. 档案与建设，2021（12）：33－36.

［52］刘元兵，刘春晖. 品牌资产收益法评估模型参数的取值探讨［J］. 商业会计，2010（20）：19－21.

［53］卢泰宏. 品牌资产评估的模型与方法［J］. 中山大学学报（社会科学版），2002，42（3）：88－96.

［54］卢文辉，毕丽萍. 日本智库信息资源建设的经验及其对我国高端智库建设的启示［J］. 智库理论与实践，2021，6（6）：126－133，142.

［55］吕淑珍，陈弘. 澳大利亚智库塑造政府对华决策的途径与作用［J］. 智库理论与实践，2023，8（4）：101－110.

［56］马锋. 公共图书馆特色新型智库建设保障机制研究［J］. 河南图书馆学刊，2022，42（11）：13－16.

［57］梅新林，陈国营，陈明，等. 中国大学智库评价的"三维模型"和指标体系研究［J］. 智库理论与实践，2017，2（5）：33－41.

［58］苗金萍. 智库建设的途径研究：以烟台市为例［J］. 管理观察，2019（8）：90－95.

［59］莫雨诗. Twitter 中全球智库社会网络结构及传播力研究［D］. 长沙：湖南大学，2019.

［60］南京大学中国智库研究与评价中心、光明日报智库研究与发布中心联合课题组，李刚，王斯敏. CTTI 来源智库 MRPA 测评指标体系介绍（2015—2016）［N］. 光明日报，2016－12－21（16）.

［61］彭恋．中国特色新型智库建设中的党校智库建设研究
［J］．决策科学，2022（3）：15－25．

［62］卿松．公司价值评估方法新论［D］．厦门：厦门大学，2006．

［63］邱维民．公共图书馆服务品牌的综合评价［J］．山东图书馆学刊，2012（3）：36－39，43．

［64］阙志兴．深刻把握"六个必须坚持"，推动中国特色新型智库建设高质量发展［J］．中国发展观察，2023（1）：95－98．

［65］任恒．国内智库研究的知识图谱：现状、热点及趋势：基于CSSCI期刊（1998—2016）的文献计量分析［J］．情报科学，2018，36（9）：159－166．

［66］上海社会科学院智库研究中心项目组，李凌．中国智库影响力的实证研究与政策建议［J］．社会科学，2014（4）：4－21．

［67］宋姗姗，王金平，曲建升．基于SWOT分析模型的我国科技智库发展路径研究［J］．图书馆学研究，2019（7）：57－63．

［68］唐果媛．立足特色优势 打造开放平台 建设中国特色世界一流新型企业智库：专访中国石油集团经济技术研究院余国院长［J］．智库理论与实践，2022，7（5）：154－158．

［69］滕海丽，李园园．企业文化对品牌价值影响的实证研究：企业家精神和CSR的调节作用［J］．管理现代化，2021，41（2）：92－97．

［70］童文胜．中国智库发展及新型智库建设的政策变迁、实践探索与未来面向［J］．决策与信息，2024（2）：49－58．

［71］王传奇，李刚，丁炫凯．智库政策影响力评价中的"唯批示论"迷思：基于政策过程理论视角的研究［J］．图书与情报，2019（3）：11－19．

［72］王分棉．国际品牌的价值评价体系、成长特征与驱动

因素及中国实证研究 ［M］. 北京：对外经济贸易大学出版社，2013：131.

［73］王桂侠，万劲波. 基于政策过程的智库影响力作用机制研究 ［J］. 中国科技论坛，2018（11）：151－157.

［74］王珩. 非洲智库发展研究 ［D］. 昆明：云南大学，2019.

［75］王健. 论中国智库发展的现状、问题及改革重点 ［J］. 新疆师范大学学报（哲学社会科学版），2015，36（4）：29－34，2.

［76］王克平，孙华伟，鞠孜涵，等. 我国科技智库研究述评 ［J］. 情报科学，2023，41（10）：177－188.

［77］王莉丽. 旋转门：美国思想库研究 ［M］. 北京：国家行政学院出版社，2010.

［78］王莉丽. 中国媒体智库的定位与发展路径 ［J］. 新闻战线，2018（3）：39－41.

［79］王连森. 基于符号学的"整体品牌"概念 ［J］. 北京工商大学学报（社会科学版），2004，19（5）：72－76.

［80］王霖. 我国体育用品的品牌资产价值财务评估方法探索 ［D］. 扬州：扬州大学，2007.

［81］王齐国. 北京大学研究生品牌教程《品牌学》之六 品牌十大要素之规划 ［J］. 中国品牌，2009（6）：66－70.

［82］王新新. 品牌本体论 ［J］. 企业研究，2004（8）：25－27.

［83］王志章. 日本智库发展经验及其对我国打造高端新型智库的启示 ［J］. 思想战线，2014，40（2）：144－151.

［84］温志强，付美佳. 中国特色新型智库建设的发展之源、实然之困及纾解之道 ［J］. 智库理论与实践，2023，8（3）：1－11.

［85］吴田. 美国智库中国问题的研究现状评析 ［J］. 中国

社会科学评价，2020（2）：142 – 156，160.

［86］习近平. 在党的十九届一中全会上的讲话 ［J］. 当代党员，2018（2）：4 – 9.

［87］夏婷. 中国科技创新智库发展现状研究：基于政府战略管理"三角模型"视角 ［J］. 智库理论与实践，2021，6（4）：94 – 103.

［88］肖云忠，董俊材. 高校廉政智库的桥联功能及其实现 ［J］. 廉政文化研究，2019，10（1）：8 – 14.

［89］熊光泽，邓丹娟，杨伟文. 品牌形象对消费者购买决策的影响研究 ［J］. 现代物业（中旬刊），2010，9（2）：34 – 37，40.

［90］熊立勇. 国际比较视域下中国特色新型智库建设问题研究 ［D］. 合肥：中国科学技术大学，2017.

［91］徐晓虎，陈圻. 智库发展历程及前景展望 ［J］. 中国科技论坛，2012（7）：63 – 68.

［92］徐晓虎，陈圻. 中国智库的基本问题研究 ［J］. 学术论坛，2012，35（11）：178 – 184.

［93］薛澜，朱旭峰. "中国思想库"：涵义、分类与研究展望 ［J］. 科学学研究，2006，24（3）：321 – 327.

［94］薛澜. 智库热的冷思考：破解中国特色智库发展之道 ［J］. 中国行政管理，2014（5）：6 – 10.

［95］杨宝强，钟曼丽. 社会智库信息获取能力及其提升路径研究 ［J］. 情报杂志，2020，39（5）：89 – 96.

［96］杨柳. 国产续集电影的问题与品牌化策略分析 ［J］. 当代电影，2013（5）：23 – 27.

［97］杨纶标，高英仪，凌卫新. 模糊数学原理及应用 ［M］. 5 版. 广州：华南理工大学出版社，2011：100.

［98］杨思洛，冯雅. 中国智库网络影响力分系统对比评价研

究［J］. 重庆大学学报（社会科学版），2017，23（2）：68 – 78.

［99］杨伟文，刘新. 品牌认知对消费者购买行为的影响［J］. 商业研究，2010（3）：158 – 162.

［100］杨云涛. 中国智库国际传播实践发展现状及改进建议：以智库英文网站建设为例［J］. 智库理论与实践，2019，4（3）：31 – 39.

［101］应峻，王钰琛，金淑霏，等. 医学图书馆参与中国特色新型智库建设研究［J］. 中国图书馆学报，2023，49（6）：68 – 85.

［102］于君英，李宏，杜芹平，等. 品牌综合评价指标体系及方法［J］. 统计与决策，2009，25（19）：180 – 181.

［103］袁胜军，周子祺，张剑光. 品牌力评价指标体系研究［J］. 经济学家，2018（3）：96 – 104.

［104］袁永，康捷. 科技决策智库影响力要素理论研究［J］. 科技管理研究，2020，40（11）：99 – 103.

［105］翟石磊，许善品. 澳大利亚国际问题研究智库的发展、构成与特点：从利益附属到思想附庸［J］. 智库理论与实践，2022，7（5）：120 – 130.

［106］詹国辉，张新文. 中国智库发展研究：国际经验、限度与路径选择［J］. 湖北社会科学，2017（1）：47 – 54.

［107］张红霞，马桦，李佳嘉. 有关品牌文化内涵及影响因素的探索性研究［J］. 南开管理评论，2009，12（4）：11 – 18.

［108］张骞. 中国政府决策咨询机构管理体制研究［D］. 武汉：华中师范大学，2015.

［109］张锐，张炎炎，周敏. 论品牌的内涵与外延［J］. 管理学报，2010，7（1）：147 – 158.

［110］张旭. 智库思想市场与政府购买决策咨询服务的中国路径［J］. 情报科学，2017，35（6）：51 – 56.

［111］张有绪．品牌资产模型的评析与理论指导［J］．经济导刊，2012（1）：50 - 51.

［112］张志强，苏娜．国际智库发展趋势特点与我国新型智库建设［J］．智库理论与实践，2016，1（1）：9 - 23.

［113］赵豪迈．"一带一路"新型智库信息资源开发问题及策略研究［J］．智库理论与实践，2019，4（5）：41 - 48.

［114］赵以霞，金昆，金瑛．网络环境下科研人员继续教育内容研究：以中国科学院继续教育网资源为例［J］．科研信息化技术与应用，2018，9（6）：31 - 38.

［115］赵媛．德国智库影响力有待提升［N］．中国社会科学报，2021 - 01 - 11（3）.

［116］郑新安．首席品牌官：梁中国的品牌战略思想与实践［M］．北京：中共中央党校出版社，2005.

［117］中国电建集团规划总院课题组．央企智库型企业文化建设探索：以规划总院"十四五"企业文化建设为例［J］．现代国企研究，2024（4）：80 - 91.

［118］周鸿一．不要被成功企业的故事所迷惑［J］．民营视界，2006（4）：29.

［119］朱敏，房俊民．智库评价研究进展及我国智库评价建设［J］．情报杂志，2017，36（8）：33 - 38，46.

［120］朱旭峰．构建中国特色新型智库研究的理论框架［J］．中国行政管理，2014（5）：29 - 33.

［121］朱子超，刘金龙．林业产业资产证券化风险测度研究：基于 AHP 层次分析法和模糊综合评价法［J］．中国市场，2022（28）：47 - 51，124.

［122］Bergh V，Lee，Quilliam，et al. The multidimensional nature and brand impact of user - generated adparodies in social media［J］．International Journal of Advertising，2011，30（1）：103 - 131.

［123］Keller K L. Brand synthesis：The multidimensionality of brand knowledge ［J］. Journal of Consumer Research，2002，29（4）：595 – 600.

［124］Weaver R K. The changing world of think tanks ［J］. PS：Political Science & Politics，1989，22（3）：563 – 578.

附录

附录1：国家标准：人文社会科学智库评价指标体系

前　言

本文件按照 GB/T1.1—2020《标准化工作导则第1部分：标准化文件的结构和起草规则》的规定起草。

请注意本文件的某些内容可能涉及专利。本文件的发布机构不承担识别专利的责任。

本文件由全国知识管理标准化技术委员会（SAC/TC554）提出并归口。

本文件起草单位：中国社会科学评价研究院。

本文件主要起草人：荆林波、胡薇、马冉、吴田。

引　言

智库的健康发展离不开智库评价的引导。本文件的制定有利于引导当前中国智库的评价工作走上科学化、标准化的道路，推出具有公信力、建设性的评价结果，科学引导中国特色新型智库的建设与发展，推进中国哲学社会科学走向世界。

本文件在结合国内外智库评价指标体系研究和应用的最新进展基础上，构建定性和定量的评价指标体系，运用第三方的主观评价与客观评价相结合的方法，旨在创建一套具有科学性、权威性、指导性、针对性、工具性及可操作性，兼顾整体的通用性与差异性的智库评价。

人文社会科学智库评价指标体系

1 范围

本文件规定了智库的评价原则、指标体系。

本文件适用于人文社会科学智库评价。在智库建设与管理、智库能力的提升与智库工作的改进，以及智库相关教学与研究、智库信息化研发与建设等方面也可以作为参考。

2 规范性引用文件

本文件没有规范性引用文件。

3 术语、定义和缩略语

3.1 术语和定义

下列术语和定义适用于本文件。

3.1.1

智库 thinktank

对公共政策的制定产生影响的咨询机构。

3.1.2

评价客体 evaluation object

评价活动中的被评价对象，本文件主要指智库。

3.1.3

评价主体 evaluation subject

对评价客体进行组织、实施评价活动的机构或个人。

注：评价主体包括管理部门、第三方评价机构、学术共同体和相关领域专家等。

3.1.4

吸引力　attractive power

评价客体吸引资源的能力，评价客体的外部声誉。

注：在智库评价活动中，吸引人才、资金等外部资源的能力，提升评价客体的竞争力。

3.1.5

管理力　management power

评价客体的内部运作能力，评价客体保持发展的能力。

3.1.6

影响力　impact power

评价客体的吸引力和管理力最终体现在对外传播、实践应用等方面，是对学术理论、公共政策、国内和国际社会等产生作用的能力。

注：影响力涵盖政策影响力、学术影响力、社会影响力、国际影响力，是评价客体实力的直接表现。

3.2　缩略语

下列缩略语适用于本文件。

AMI（吸引力、管理力、影响力，Attractive power – Management power – Impact power）

4　评价原则

4.1　公开性

评价主体应保障评价客体和社会公众的知情权。

4.2　客观性

评价主体应以评价标准为依据和准绳，基于评价客体的基本特征，实事求是地进行评价。

4.3　公正性

评价主体在评价过程中应平等地对待评价客体。

4.4　科学性

评价的方法、指标和程序应客观合理，评价结果应具有可验证性，评价过程和结果应具有可重复性。

4.5　独立性

评价活动应具有独立性，即评价主体不受相关行政主管部门干预，且与各种利益相关方无私相授受行为，完成对评价客体的学术水平、声誉、影响力评价。在构建评价指标体系以及开展评价工作的过程中，尽可能减少各指标之间的关联度，避免显见的包容关系。

5　指标体系

5.1　评价模型

从吸引力、管理力和影响力三个层次对评价客体进行评价，人文社会科学智库评价 AMI 模型如图 1 所示。

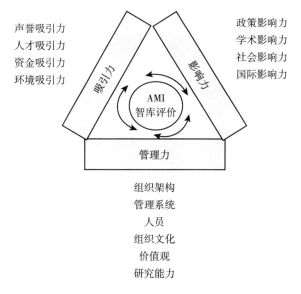

图1　人文社会科学智库评价 AMI 模型

5.2　评价指标

5.2.1　吸引力

5.2.1.1　声誉吸引力

智库的声誉吸引力主要从同行评议、用户吸引力以及历史美誉三个方面加以评价，其中：

a）同行评议为定性评价，由管理部门、第三方评价机构、学术共同体和相关领域专家等评价主体针对评价客体在决策声誉和学术声誉两方面的综合表现分别作出评价。

注：决策声誉为智库咨政成果获得决策部门的相关批示、采纳、应用转化等。学术声誉为对智库学术成果的评价，包括智库的研究报告、著作、论文，以及这些智库学术成果的获奖情况等。

b）用户吸引力为定性评价，由评价客体的用户针对评价客体在决策声誉和学术声誉两方面的综合表现分别作出评价。

c）历史美誉以成立时间为量化指标，依据评价客体存续时长进行评价。

5.2.1.2　人才吸引力

人才吸引力主要从人员规模、领军人物、人才培养和待遇四个方面加以评价，其中：

a）人员规模评价客体工作人员的总数，包括专职管理人员、专职专业技术人员（含博士后研究人员）、兼职专业技术人员的总人数。

b）领军人物包括荣获国家级荣誉的，或中央直接掌握联系的高级专家等的专职、兼职专业技术人员。

注：荣获国家级荣誉是指获得国务院政府特殊津贴、入选百千万人才工程等。

c）人才培养从研究生学位授予资格、博士后流动站或博士后科研工作站、国内进修、国际进修、地方政府部门挂职等五个方面的情况加以评价。

d）待遇从专业技术人员待遇和管理人员待遇两个方面分别加以评价，统计人员的年平均收入。收入包括工资收入和课题、项目收入。

5.2.1.3 资金吸引力

资金吸引力主要从资金来源和资金价值两个方面加以评价，其中：

a）资金来源的多元化，通过统计评价客体资金来源的种类进行评价。

b）资金值的充裕度，以评价客体投入的研发经费占比，即人均年研发经费进行评价。

5.2.1.4 环境吸引力

环境吸引力从数据库、馆藏文献、办公条件和人员支撑加以评价，其中：

a）数据库对评价客体自建数据库和外购数据库的构成、种类、规模、数量、质量、更新频次及使用情况等进行评价。

b）馆藏文献评价客体馆藏文献种类的丰富度和积累程度。

c）办公条件评价客体有独立的办公场所。

d）人员支撑主要考察评价客体科研辅助人员的岗位职责和配比。岗位职责包括科研辅助人员工作内容的专业性、匹配度、结构性。

5.2.2 管理力

5.2.2.1 战略

评价客体应制定明确且分层次的长、中、短期的发展规划，按规划类别分别进行评价。

5.2.2.2 组织架构

组织架构层面的管理力主要从规章制度和组织规范两个方面加以评价，其中：

a）规章制度应与评价客体的建设相匹配，具有制定的规范性、科学性、系统性、严密性和执行的实效性。

b）组织规范对评价客体的机构独立性和部门完整性进行评价。机构独立性是指有独立运行的、专门从事智库工作的机构；部门完整性是指研究部门、管理部门、财务部门等设置合理，配置完整。

5.2.2.3　管理系统

管理系统层面的管理能力主要从规范化管理和信息化管理两个方面加以评价，其中：

a）规范化管理对评价客体的保密管理、流程管理和客户关系管理情况进行评价。保密管理包括制定保密规章制度，并设置专门的保密人员、保密设施等；流程管理包括制定标准化的项目、资金等相关管理制度；客户关系管理包括设置人员专门负责维护与党政机关、学术机构、媒体、企业、国外机构的关系等。

b）信息化管理评价客体运用功能完备的电子化办公系统和信息采集分析系统整合、管理机构的各项业务。

5.2.2.4　人员

人员层面的管理能力主要从素质、结构和产出能力三个方面加以评价，其中：

a）人员素质分别对管理人员和专业技术人员的学历进行评价。

b）人员结构从人员的梯队化、多元化和国际化三个角度进行评价。梯队化主要考察专业技术人员的年龄层级和职称层级；多元化主要考察工作人员的专业领域、工作经历和政治背景；国际化是计算工作人员中留学归国人员和外籍人员占比。

c）产出能力从学术产出和政策产出两个方面进行评价，分别计算智库全年人均成果产出量。

5.2.2.5　组织文化

组织文化层面的管理力主要从评价客体的文化理念角度进行

评价。

5.2.2.6　价值观

价值观层面的管理力主要指导向管理能力，由评价主体就评价客体的价值观和使命是否明确清晰、是否得到内部人员的普遍认可进行主观评价。

5.2.2.7　研究能力

研究能力层面的管理力是由评价主体主要从评价客体的研究方法、创新能力和基础研究能力三个方面分别进行主观评价，其中：

a）研究方法从方法的专业性、科学性和前沿性三个角度进行测度；

b）创新能力从理论创新能力和实践创新能力两个方面进行测度；

c）基础研究能力从智库研究的长期投入和前瞻性两个角度进行测度。

5.2.3　影响力

5.2.3.1　政策影响力

政策影响力主要从智库的咨政方式、成果转化、咨政渠道、与决策部门的关系四个方面加以评价，其中：

a）咨政方式基于评价客体在一定时间范畴内承接的党政部门委托研究项目的级别与数量，提交的咨政报告的级别与数量，提供政策咨询的级别与总人次，参与政策制定的级别与总人次，咨政类定期出版物的种类与数量，以及获得批示的级别、内容及数量进行评价；

b）成果转化从评价客体的研究成果在政策制定中得到的实际采纳和应用，以及成果对产业的贡献两个方面进行评价，在量化评价的同时应基于评价客体的举证加以主观评价；

c）咨政渠道分为国家级渠道、省部级渠道和其他三个级别，主要考察渠道的级别及数量；

d）与决策部门的关系通过曾在党政部门任职的工作人员数量、离开智库到党政机关任职的工作人员数量，以及对外提供干部培训的总人次加以评价。

5.2.3.2 学术影响力

学术影响力主要从学术成果和学术活动两个方面加以评价，其中：

a）学术成果包括论文、专著、课题、研究报告、学术期刊、教材以及知识产权类成果，对学术成果的发表数量、质量等进行评价；

注：教材是指符合教育部教材局相关要求的国家课程教材。

b）学术活动通过统计评价客体全年单独或联合举办国内学术会议的次数，以及在省部级及以上级别的学术会议上发表演讲的总人次加以评价。

5.2.3.3 社会影响力

社会影响力主要从传统媒体、新媒体、社会责任、国内网络、官方网站、信息公开六个方面加以评价，其中：

a）传统媒体通过专业技术人员在覆盖全国的广播、电视、报纸上发表政策性观点的总次数以及获得报道的总次数加以评价。

b）新媒体通过专业技术人员在新媒体上发表政策性观点的总次数以及获得报道的总次数加以评价。

c）社会责任从开展社会公益项目的数量、政策宣讲活动、社会宣讲或培训三个方面加以评价。政策宣讲活动主要考察智库全年举办面向公众的政策宣讲活动的数量，以及专业技术人员全年在省部级及以上党政部门主办的面向公众的政策宣讲活动中发表演讲的总人次；社会宣讲或培训主要考察智库全年举办相关活动的总次数。

注：培训包括干部培训、企业培训、学历培训等。

d）国内网络通过评价客体国内分支机构数量及与国内其他机构合建研究机构的数量进行评价。

e）官方网站从评价客体的官方网站内容、更新频率、年点击量三个方面进行评价。

f）信息公开从成果的开放获取程度和信息推送服务水平两个方面加以评价。

5.2.3.4　国际影响力

国际影响力主要从支持外交工作、国际会议、国际合作、国际人才流动、国外媒体、国际网络、外语应用七个方面加以评价，其中：

a）支持外交工作对评价客体服务国家重大外事活动的级别和相应次数进行评价。

b）国际会议从评价客体独立举办的国际会议的总次数、与国外机构/国际机构联合举办国际会议的总次数、全年专业技术人员在国际会议上发表演讲的总人次、全年受邀出席国际会议的总人次四个方面加以评价。

c）国际合作分别从国际合作成果、国际合作项目、国际合作机构三个方面加以评价。国际合作成果是指与国外机构或个人合作发布成果的数量；国际合作项目是对全年与国外/国际机构合作开展联合研究项目的数量，和三年以上合作项目的数量分别进行评价；国际合作机构是从签订合作协议的国外、国际机构的数量，以及与国外、国际机构合办研究机构、智库合作平台的数量两个方面进行评价。

d）国际人才流动分别对评价客体的人员到国际/地区组织或国外研究机构任职、外籍人员到评价客体任职的情况，以及人员交流情况进行评价。任职情况包括任职人员的单位级别、机构数量、人员情况；人员交流包括派往国外进行交流访问或参加研讨会的总人次和接待国外/国际机构及专业技术人员的来访总人次。

e）国外媒体对专业技术人员在国外广播、电视、报纸和网络发表政策性观点的总次数，以及机构获得国外广播、电视、报纸、网络报道的总次数加以评价。

f）国际网络从国外分支机构和外籍专业技术人员两个方面加以评价。国外分支机构包括在其他国家注册办公室、办事处、研究中心等；外籍专业技术人员包括专职、兼职专业技术人员。

g）外语应用对专业技术人员公开发布研究报告、发表学术论文，出版外文期刊，发布外文专题报告，以及外语网站四个方面使用的语种总数进行评价。

6 评价程序

6.1 评价准备

6.1.1 确定评价主体

确定一个评价主体实施评价活动。评价主体负责实施评价活动，可以是独立的第三方评价机构，或评价客体的上级主管机构等关联机构，也可以是评价客体为规范自身建设而开展自我评价。

6.1.2 确定评价客体

确定作为评价客体的智库。

6.1.3 确定评价目的

针对评价客体确定评价目的，包括但不限于推进智库建设、提升智库影响力、考核智库工作业绩、制定智库相关规划等。

6.1.4 确定评价时点

确定实施评价的时间点，可分为事前评价、事中评价、事后评价三种情况。

6.1.5 确定评价方法

评价方法应服务于评价目的，包括德尔菲法、层次分析法等。

6.1.6 确定评价指标

基于评价目的，针对评价客体从本文件中选取适用的评价指标项，并确定各项指标的权重和赋分。

6.1.7　确定评价步骤

评价实施步骤应在一定范围内公开。

6.2　评价实施

6.2.1　数据采集

根据评价指标采集评价客体的相关数据，并对其进行存储。

6.2.2　数据清洗

对数据的准确性进行核定，对问题数据进行二次采集。

6.2.3　数据分析

根据评价方法和评价指标进行数据分析。

6.3　评价结果

6.3.1　编制评价报告

根据数据分析结果，结合评价目的，编制评价报告。

注：评价报告可包括但不限于评价背景、评价目的、评价意义、评价方法、评价过程、评价结果等。

6.3.2　发布评价结果

评价主体适时发布评价结果，发布的时间、地点、公开范围等由评价主体根据评价目的决定，可对评价结果发布的影响和实效等进行跟踪反馈。

参考文献

［1］中共中央办公厅、国务院办公厅，关于加强中国特色新型智库建设的意见［EB/OL］．2020－4－28. http：//www. gov. cn/xinwen/2015－01/20/content_2807126. htm.

［2］荆林波，等．全球智库评价报告（2015）［M］．北京：中国社会科学出版社，2016.

［3］荆林波，等．中国智库综合评价 AMI 研究报告（2017）［M］．北京：中国社会科学出版社，2018.

［4］荆林波，等．全球智库评价研究报告（2019）［M］．北京：中国社会科学出版社，2020.

［5］上海社会科学院智库研究中心．中国智库报告影响力评价与政策建议（2013—2017）［M］．上海：上海社会科学院出版社，2018.

［6］朱旭峰．中国思想库政策过程中的影响力研究［M］．北京：清华大学出版社，2009.

［7］JG. Magann. Global Go To Think Tanks Index Report（1st－14th edition）R. Think Tanks and Civil Societies Program，University of Pennsylvania，2007－2020.

附录2：基于模糊层次分析法（FAHP）与模糊综合评价（FCEM）的智库品牌影响力评价指标体系建构计算过程

1. 模糊层次分析法简介

在各种以人的主观认识为主导的分析评价方法中，层次分析法（analytic hierachy process，AHP）具有较高的优越性，可将众多难以定量分析的、不确定的定性问题进行有效判断。但在传统的层次分析法的计算过程中，构造判断矩阵的方法中考虑决策者判断时的主观性较少，判断矩阵的一致性检验较为复杂烦琐，且一致性判断规则的科学性也存在异议。为解决上述不足，学者们提出将模糊一致矩阵引入AHP分析中，这种将层次分析法与模糊数学理论结合的方法称为模糊层次分析法（fuzzy analytic hierachy process，FAHP），可以很好地解决人们主观模糊性对问题的决策。

2. 模糊矩阵的数学定理

定义 n 维方形矩阵 R：

$$R = (r_{ij})_{n \times n} = \begin{bmatrix} r_{11} & r_{12} & \cdots & r_{1n} \\ r_{21} & r_{22} & \cdots & r_{2n} \\ \vdots & \vdots & \vdots & \vdots \\ r_{n1} & r_{n2} & \cdots & r_{nn} \end{bmatrix}$$

1）若矩阵 R 满足 $0 \leqslant r_{ij} \leqslant 1$，$(i, j = 1, 2, \cdots, n)$，则 R 为模糊矩阵；

2）矩阵 R 满足条件1，且 $r_{ij} + r_{ji} = 1$，$(i, j = 1, 2, \cdots, n)$，则

R 为模糊互补矩阵；

3）若矩阵 R 满足条件 1、2，且：

$$r_{ii} = 0.5, (i = 1, 2, \cdots, n);$$

$$r_{ij} = r_{ik} - r_{jk} + 0.5, (i, j, k = 1, 2, \cdots, n)$$

则将 R 称作模糊一致矩阵。

3. 模糊层次分析法的计算步骤

1）模糊层次分析法分值

以 0.1 ~ 0.9 标度法对各因素进行两两比较，规定：

0.1：因素 i 比因素 j 绝对不重要；

0.2：因素 i 比因素 j 非常不重要；

0.3：因素 i 比因素 j 比较不重要；

0.4：因素 i 比因素 j 稍微不重要；

0.5：因素 i 比因素 j 同等重要；

0.6：因素 i 比因素 j 稍微重要；

0.7：因素 i 比因素 j 比较重要；

0.8：因素 i 比因素 j 非常重要；

0.9：因素 i 比因素 j 绝对重要。

2）模糊层次分析评分矩阵的构建

采用上述的 0.1 ~ 0.9 标度法对各评测因素进行两两比较，获得模糊层次分析打分矩阵 A：

$$A = \begin{bmatrix} a_{11} & a_{12} & \cdots & a_{1n} \\ a_{21} & a_{22} & \cdots & a_{2n} \\ \vdots & \vdots & \vdots & \vdots \\ a_{n1} & a_{n2} & \cdots & a_{nn} \end{bmatrix}$$

矩阵 A 满足模糊互补阵的规定，即 $0 < a_{ij} < 1$；$a_{ij} + a_{ji} = 1$；$a_{ij} = 0.5, (i = j)$。

3）对矩阵 A 按行进行求和：

$$a_i = \sum_{k=1}^{n} a_{ik}, (i,k = 1,2,\cdots,n)$$

4）求各因素的权重向量 WI：

$$w_i = \frac{1}{n} - \frac{1}{2\alpha} + \frac{a_i}{n\alpha}$$

$$WI = \begin{bmatrix} w_1 & w_2 & \cdots & w_n \end{bmatrix}^T$$

式中，$\alpha = \dfrac{n-1}{2}$。

5）一致性 CI 检验

构建权重矩阵 W：

$$w_{ij} = \alpha(w_i - w_j) + 0.5$$

$$W = \begin{bmatrix} w_{11} & w_{12} & \cdots & w_{1n} \\ w_{21} & w_{22} & \cdots & w_{2n} \\ \vdots & \vdots & \vdots & \vdots \\ w_{n1} & w_{n2} & \cdots & w_{nn} \end{bmatrix}$$

$$CI(A,W) = \frac{\sum_{i=1}^{n}\sum_{j=1}^{n} |w_{ij} - a_{ij}|}{n^2}$$

CI 值越小，说明一致性越好，一般约定 $CI < 0.1$ 就表示满足一致性要求。

4. 粒子群优化算法（PSO）

由于模糊层次分析法的专家打分主观性很强，打分矩阵经常出现不一致或漏填情况，这时我们可以采用粒子群优化算法对专家打分矩阵进行修正。

粒子群优化算法（particle swarm optimization，PSO），是在1995 年由埃伯哈特和肯尼迪（Eberhart & Kennedy）一起提出的，它源于对鸟群捕食行为的研究。它的基本核心是利用群体中的个体对信息的共享从而使得整个群体的运动在问题求解空间中产生从无序到有序的演化过程，从而获得问题的最优解。我们可以利用一个有关 PSO 的经典描述来对 PSO 算法进行一个直观的描述。设想有这么一个场景：一群鸟进行觅食，而远处有一片玉米地，所有的鸟都不知道玉米地到底在哪里，但是它们知道自己当前的位置距离玉米地有多远。那么找到玉米地的最佳策略，也是最简单有效的策略就是搜寻目前距离玉米地最近的鸟群的周围区域。PSO 就是从这种群体觅食的行为中得到了启示，从而构建的一种优化模型。

在 PSO 中，每个优化问题的解都是搜索空间中的一只鸟，称之为"粒子"，而问题的最优解就对应为鸟群要寻找的"玉米地"。所有的粒子都具有一个位置向量（粒子在解空间的位置）和速度向量（决定下次飞行的方向和速度），并可以根据目标函数来计算当前的所在位置的适应值（fitness value），可以将其理解为距离"玉米地"的距离。在每次的迭代中，种群中的粒子除了根据自身的"经验"（历史位置）进行学习以外，还可以根据种群中最优粒子的"经验"来学习，从而确定下一次迭代时需要如何调整和改变飞行的方向与速度。就这样逐步迭代，最终整个种群的粒子就会逐步趋于最优解。

4.1　问题抽象

小鸟被抽象为没有质量和体积的微粒（点），并延伸到 N 维空间，粒子 I 在 N 维空间的位置表示为矢量 $X_i = (x_1, x_2, \cdots, x_N)$，飞行速度表示为矢量 $Vi = (v_1, v_2, \cdots, v_N)$，每个粒子都有一个由目标函数决定的适应值（fitness value），并且知道自己到目前为止发现的最好位置（pbest）和现在的位置 X_i。这个可以看作是粒子自己的飞行经验。除此之外，每个粒子还知道到目前为止整个群体中所有粒子发现的最好位置（gbest）（gbest 是 pbest 中的最好值）。这个可以看作是粒子同伴的经验，粒子就是通过自己的经验和同伴中最好的经验来决定下一步的运动。

4.2　算法描述

PSO 初始化为一群随机粒子（随机解）。然后通过迭代找到最优解。在每一次的迭代中，粒子通过跟踪两个"极值"（pbest，gbest）来更新自己。在找到这两个最优值后，粒子通过下面的公式来更新自己的速度和位置。

$$V_{i+1} = V_i + c_1 \times \mathrm{rand}(0 \sim 1) \times (\mathrm{pbest}_i - x_i)$$
$$+ c_2 \times \mathrm{rand}(0 \sim 1) \times (\mathrm{gbest}_i - x_i)$$
$$x_{i+1} = x_i + V_i$$

其中，$i = 1, 2, \cdots, M$，M 是该群体中粒子的总数；V_i 是粒子的速度；pbest 为个体最优值；gbest 为全局最优值；rand（$0 \sim 1$）为介于（0、1）之间的随机数；X_i 是粒子的当前位置。c_1 和 c_2 是学习因子，通常取 $c_1 = c_2 = 2$，在每一维，粒子都有一个最大限制速度 $V_{\max}$，如果某一维的速度超过设定的 $V_{\max}$，那么这一维的速度就被限定为 $V_{\max}$。

5. 基于模糊层次分析法（FAHP）与模糊综合评价（FCEM）的智库品牌影响力评价指标体系迈实模糊层次分析模型（见图1）

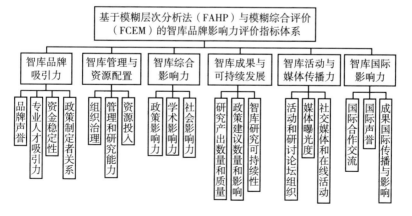

图1　评价指标体系

6. 专家数据（以专家 Z 为例）

结论表

底层元素	结论值（全局权重）	同级权重	上级
品牌声誉	0.0368	0.2167	智库品牌吸引力
专业人才吸引力	0.0482	0.2833	
资金稳定性	0.0368	0.2167	
政策制定者关系	0.0482	0.2833	
组织治理	0.0282	0.2167	智库管理与资源配置
管理和研究能力	0.0542	0.4167	
资源投入	0.0477	0.3667	
政策影响力	0.0805	0.3833	智库综合影响力
学术影响力	0.0595	0.2833	
社会影响力	0.0700	0.3333	
研究产出数量和质量	0.0570	0.3000	智库成果与可持续发展
政策建议数量和影响	0.0665	0.3500	
智库研究可持续性	0.0665	0.3500	
活动和研讨论坛组织	0.0633	0.3333	智库活动与媒体传播力
媒体曝光度	0.0728	0.3833	
社交媒体和在线活动	0.0538	0.2833	
国际合作交流	0.0348	0.3167	智库国际影响力
国际声誉	0.0403	0.3667	
成果国际传播与影响	0.0348	0.3167	

原始权重矩阵：基于模糊层次分析法（FAHP）与模糊综合评价（FCEM）的智库品牌影响力评价指标体系：一致性 $CI = 0$。

指标	智库品牌吸引力	智库管理与资源配置	智库综合影响力	智库成果与可持续发展	智库活动与媒体传播力	智库国际影响力
智库品牌吸引力	0.5	0.6	0.4	0.45	0.45	0.65
智库管理与资源配置	0.4	0.5	0.3	0.35	0.35	0.55
智库综合影响力	0.6	0.7	0.5	0.55	0.55	0.75
智库成果与可持续发展	0.55	0.65	0.45	0.5	0.5	0.7
智库活动与媒体传播力	0.55	0.65	0.45	0.5	0.5	0.7
智库国际影响力	0.35	0.45	0.25	0.3	0.3	0.5

修正后计算用权重矩阵：基于模糊层次分析法（FAHP）与模糊综合评价（FCEM）的智库品牌影响力评价指标体系：一致性 $CI=0$。

指标	智库品牌吸引力	智库管理与资源配置	智库综合影响力	智库成果与可持续发展	智库活动与媒体传播力	智库国际影响力	权重
智库品牌吸引力	0.5	0.6	0.4	0.45	0.45	0.65	0.17
智库管理与资源配置	0.4	0.5	0.3	0.35	0.35	0.55	0.13
智库综合影响力	0.6	0.7	0.5	0.55	0.55	0.75	0.21
智库成果与可持续发展	0.55	0.65	0.45	0.5	0.5	0.7	0.19
智库活动与媒体传播力	0.55	0.65	0.45	0.5	0.5	0.7	0.19
智库国际影响力	0.35	0.45	0.25	0.3	0.3	0.5	0.11

推导步骤

计算用矩阵 $A=(a_{ij})_{6\times6}$：

$$\begin{bmatrix} 0.5 & 0.6 & 0.4 & 0.45 & 0.45 & 0.65 \\ 0.4 & 0.5 & 0.3 & 0.35 & 0.35 & 0.55 \\ 0.6 & 0.7 & 0.5 & 0.55 & 0.55 & 0.75 \\ 0.55 & 0.65 & 0.45 & 0.5 & 0.5 & 0.7 \\ 0.55 & 0.65 & 0.45 & 0.5 & 0.5 & 0.7 \\ 0.35 & 0.45 & 0.25 & 0.3 & 0.3 & 0.5 \end{bmatrix}$$

矩阵维度 n：

$n = 6$

根据矩阵 A 按行求和的向量 $A1$：

$A1^T = (a_i)_{6 \times 1} = 3.05 \quad 2.45 \quad 3.65 \quad 3.35 \quad 3.35 \quad 2.15$

计算各因素的权重值 WI：

$\alpha = (n-1)/2 = (6-1)/2 = 2.5$

$$w_i = \frac{1}{n} - \frac{1}{2\alpha} + \frac{a_i}{n\alpha}$$

$WI^T = (w_i)_{6 \times 1} = 0.17 \quad 0.13 \quad 0.21 \quad 0.19 \quad 0.19 \quad 0.11$

构建权重矩阵 W：

$$w_{ij} = \alpha(w_i - w_j) + 0.5$$

$$\begin{bmatrix} 0.5 & 0.6 & 0.4 & 0.45 & 0.45 & 0.65 \\ 0.4 & 0.5 & 0.3 & 0.35 & 0.35 & 0.55 \\ 0.6 & 0.7 & 0.5 & 0.55 & 0.55 & 0.75 \\ 0.55 & 0.65 & 0.45 & 0.5 & 0.5 & 0.7 \\ 0.55 & 0.65 & 0.45 & 0.5 & 0.5 & 0.7 \\ 0.35 & 0.45 & 0.25 & 0.3 & 0.3 & 0.5 \end{bmatrix}$$

一致性 CI：

$$CI(A, W) = \frac{\sum_{i=1}^{n} \sum_{j=1}^{n} |w_{ij} - a_{ij}|}{n^2} = 0$$

原始权重矩阵：基于模糊层次分析法（FAHP）与模糊综合评价（FCEM）的智库品牌影响力评价指标体系之智库品牌吸引力：一致性 $CI = 0$。

指标	品牌声誉	专业人才吸引力	资金稳定性	政策制定者关系
品牌声誉	0.5	0.4	0.5	0.4
专业人才吸引力	0.6	0.5	0.6	0.5
资金稳定性	0.5	0.4	0.5	0.4
政策制定者关系	0.6	0.5	0.6	0.5

修正后计算用权重矩阵：基于模糊层次分析法（FAHP）与模糊综合评价（FCEM）的智库品牌影响力评价指标体系之智库品牌吸引力：一致性 $CI = 0$。

指标	品牌声誉	专业人才吸引力	资金稳定性	政策制定者关系	权重
品牌声誉	0.5	0.4	0.5	0.4	0.2167
专业人才吸引力	0.6	0.5	0.6	0.5	0.2833
资金稳定性	0.5	0.4	0.5	0.4	0.2167
政策制定者关系	0.6	0.5	0.6	0.5	0.2833

推导步骤

计算用矩阵 $A = (a_{ij})_{4\times4}$：

$$\begin{bmatrix} 0.5 & 0.4 & 0.5 & 0.4 \\ 0.6 & 0.5 & 0.6 & 0.5 \\ 0.5 & 0.4 & 0.5 & 0.4 \\ 0.6 & 0.5 & 0.6 & 0.5 \end{bmatrix}$$

矩阵维度 n：

$n = 4$

根据矩阵 A 按行求和的向量 $A1$：

$$A1^T = (a_i)_{4 \times 1} = 1.8 \quad 2.2 \quad 1.8 \quad 2.2$$

计算各因素的权重值 WI：

$$\alpha = (n-1)/2 = (4-1)/2 = 1.5$$

$$w_i = \frac{1}{n} - \frac{1}{2\alpha} + \frac{a_i}{n\alpha}$$

$$WI^T = (w_i)_{4 \times 1} = 0.2167 \quad 0.2833 \quad 0.2167 \quad 0.2833$$

构建权重矩阵 W：

$$w_{ij} = \alpha(w_i - w_j) + 0.5$$

$$\begin{bmatrix} 0.5 & 0.4 & 0.5 & 0.4 \\ 0.6 & 0.5 & 0.6 & 0.5 \\ 0.5 & 0.4 & 0.5 & 0.4 \\ 0.6 & 0.5 & 0.6 & 0.5 \end{bmatrix}$$

一致性 CI：

$$CI(A, W) = \frac{\sum\limits_{i=1}^{n} \sum\limits_{j=1}^{n} |w_{ij} - a_{ij}|}{n^2} = 0$$

原始权重矩阵：基于模糊层次分析法（FAHP）与模糊综合评价（FCEM）的智库品牌影响力评价指标体系之智库管理与资源配置：一致性 $CI = 0$。

指标	组织治理	管理和研究能力	资源投入
组织治理	0.5	0.3	0.35
管理和研究能力	0.7	0.5	0.55
资源投入	0.65	0.45	0.5

修正后计算用权重矩阵：基于模糊层次分析法（FAHP）与模糊综合评价（FCEM）的智库品牌影响力评价指标体系之智库管理与资源配置：一致性 $CI = 0$。

指标	组织治理	管理和研究能力	资源投入	权重
组织治理	0.5	0.3	0.35	0.2167
管理和研究能力	0.7	0.5	0.55	0.4167
资源投入	0.65	0.45	0.5	0.3667

推导步骤

计算用矩阵 $A = (a_{ij})_{3\times3}$：

$$\begin{bmatrix} 0.5 & 0.3 & 0.35 \\ 0.7 & 0.5 & 0.55 \\ 0.65 & 0.45 & 0.5 \end{bmatrix}$$

矩阵维度 n：

$n = 3$

根据矩阵 A 按行求和的向量 $A1$：

$A1^T = (a_i)_{3\times1} = 1.15 \quad 1.75 \quad 1.6$

计算各因素的权重值 WI：

$\alpha = (n-1)/2 = (3-1)/2 = 1$

$$w_i = \frac{1}{n} - \frac{1}{2\alpha} + \frac{a_i}{n\alpha}$$

$WI^T = (w_i)_{3\times1} = 0.2167 \quad 0.4167 \quad 0.3667$

构建权重矩阵 W：

$w_{ij} = \alpha(w_i - w_j) + 0.5$

$$\begin{bmatrix} 0.5 & 0.3 & 0.35 \\ 0.7 & 0.5 & 0.55 \\ 0.65 & 0.45 & 0.5 \end{bmatrix}$$

一致性 CI：

$$CI(A,W) = \frac{\sum_{i=1}^{n}\sum_{j=1}^{n} |w_{ij} - a_{ij}|}{n^2} = 0$$

原始权重矩阵：基于模糊层次分析法（FAHP）与模糊综合评价（FCEM）的智库品牌影响力评价指标体系之智库综合影响力：一致性 $CI = 0$。

指标	政策影响力	学术影响力	社会影响力
政策影响力	0.5	0.6	0.55
学术影响力	0.4	0.5	0.45
社会影响力	0.45	0.55	0.5

修正后计算用权重矩阵：基于模糊层次分析法（FAHP）与模糊综合评价（FCEM）的智库品牌影响力评价指标体系之智库综合影响力：一致性 $CI = 0$。

指标	政策影响力	学术影响力	社会影响力	权重
政策影响力	0.5	0.6	0.55	0.3833
学术影响力	0.4	0.5	0.45	0.2833
社会影响力	0.45	0.55	0.5	0.3333

推导步骤

计算用矩阵 $A = (a_{ij})_{3 \times 3}$：

$$\begin{bmatrix} 0.5 & 0.6 & 0.55 \\ 0.4 & 0.5 & 0.45 \\ 0.45 & 0.55 & 0.5 \end{bmatrix}$$

矩阵维度 n：

$n = 3$

根据矩阵 A 按行求和的向量 $A1$：

$A1^T = (a_i)_{3 \times 1} = 1.65 \quad 1.35 \quad 1.5$

计算各因素的权重值 WI：

$\alpha = (n-1)/2 = (3-1)/2 = 1$

$$w_i = \frac{1}{n} - \frac{1}{2\alpha} + \frac{a_i}{n\alpha}$$

$$WI^T = (w_i)_{3\times1} = 0.3833 \quad 0.2833 \quad 0.3333$$

构建权重矩阵 W：

$$w_{ij} = \alpha(w_i - w_j) + 0.5$$

$$\begin{bmatrix} 0.5 & 0.6 & 0.55 \\ 0.4 & 0.5 & 0.45 \\ 0.45 & 0.55 & 0.5 \end{bmatrix}$$

一致性 CI：

$$CI(A,W) = \frac{\sum\limits_{i=1}^{n}\sum\limits_{j=1}^{n} |w_{ij} - a_{ij}|}{n^2} = 0$$

原始权重矩阵：基于模糊层次分析法（FAHP）与模糊综合评价（FCEM）的智库品牌影响力评价指标体系之智库成果与可持续发展：一致性 $CI = 0$。

指标	研究产出数量和质量	政策建议数量和影响	智库研究可持续性
研究产出数量和质量	0.5	0.45	0.45
政策建议数量和影响	0.55	0.5	0.5
智库研究可持续性	0.55	0.5	0.5

修正后计算用权重矩阵：基于模糊层次分析法（FAHP）与模糊综合评价（FCEM）的智库品牌影响力评价指标体系之智库成果与可持续发展：一致性 $CI = 0$。

指标	研究产出数量和质量	政策建议数量和影响	智库研究可持续性	权重
研究产出数量和质量	0.5	0.45	0.45	0.3
政策建议数量和影响	0.55	0.5	0.5	0.35
智库研究可持续性	0.55	0.5	0.5	0.35

推导步骤

计算用矩阵 $A = (a_{ij})_{3x3}$：

$$\begin{bmatrix} 0.5 & 0.45 & 0.45 \\ 0.55 & 0.5 & 0.5 \\ 0.55 & 0.5 & 0.5 \end{bmatrix}$$

矩阵维度 n：

$n = 3$

根据矩阵 A 按行求和的向量 $A1$：

$A1^T = (a_i)_{3x1} = 1.4 \quad 1.55 \quad 1.55$

计算各因素的权重值 WI：

$\alpha = (n-1)/2 = (3-1)/2 = 1$

$$w_i = \frac{1}{n} - \frac{1}{2\alpha} + \frac{a_i}{n\alpha}$$

$WI^T = (w_i)_{3x1} = 0.3 \quad 0.35 \quad 0.35$

构建权重矩阵 W：

$w_{ij} = \alpha(w_i - w_j) + 0.5$

$$\begin{bmatrix} 0.5 & 0.45 & 0.45 \\ 0.55 & 0.5 & 0.5 \\ 0.55 & 0.5 & 0.5 \end{bmatrix}$$

一致性 CI：

$$CI(A,W) = \frac{\sum_{i=1}^{n}\sum_{j=1}^{n} |w_{ij} - a_{ij}|}{n^2} = 0$$

原始权重矩阵：基于模糊层次分析法（FAHP）与模糊综合评价（FCEM）的智库品牌影响力评价指标体系之智库活动与媒体传播力：一致性 $CI = 0$。

指标	活动和研讨论坛组织	媒体曝光度	社交媒体和在线活动
活动和研讨论坛组织	0.5	0.45	0.55
媒体曝光度	0.55	0.5	0.6
社交媒体和在线活动	0.45	0.4	0.5

修正后计算用权重矩阵：基于模糊层次分析法（FAHP）与模糊综合评价（FCEM）的智库品牌影响力评价指标体系之智库活动与媒体传播力：一致性 $CI=0$。

指标	活动和研讨论坛组织	媒体曝光度	社交媒体和在线活动	权重
活动和研讨论坛组织	0.5	0.45	0.55	0.3333
媒体曝光度	0.55	0.5	0.6	0.3833
社交媒体和在线活动	0.45	0.4	0.5	0.2833

推导步骤

计算用矩阵 $A=\left(a_{ij}\right)_{3\times3}$：

$$\begin{bmatrix} 0.5 & 0.45 & 0.55 \\ 0.55 & 0.5 & 0.6 \\ 0.45 & 0.4 & 0.5 \end{bmatrix}$$

矩阵维度 n：

$n=3$

根据矩阵 A 按行求和的向量 $A1$：

$A1^{T}=\left(a_{i}\right)_{3\times1}=1.5 \quad 1.65 \quad 1.35$

计算各因素的权重值 WI：

$\alpha=(n-1)/2=(3-1)/2=1$

$$w_{i}=\frac{1}{n}-\frac{1}{2\alpha}+\frac{a_{i}}{n\alpha}$$

$WI^{T}=\left(w_{i}\right)_{3\times1}=0.3333 \quad 0.3833 \quad 0.2833$

构建权重矩阵 W:

$$w_{ij} = \alpha(w_i - w_j) + 0.5$$

$$\begin{bmatrix} 0.5 & 0.45 & 0.55 \\ 0.55 & 0.5 & 0.6 \\ 0.45 & 0.4 & 0.5 \end{bmatrix}$$

一致性 CI:

$$CI(A,W) = \frac{\sum_{i=1}^{n}\sum_{j=1}^{n}|w_{ij} - a_{ij}|}{n^2} = 0$$

原始权重矩阵：基于模糊层次分析法（FAHP）与模糊综合评价（FCEM）的智库品牌影响力评价指标体系之智库国际影响力：一致性 $CI = 0$。

指标	国际合作交流	国际声誉	成果国际传播与影响
国际合作交流	0.5	0.45	0.5
国际声誉	0.55	0.5	0.55
成果国际传播与影响	0.5	0.45	0.5

修正后计算用权重矩阵：基于模糊层次分析法（FAHP）与模糊综合评价（FCEM）的智库品牌影响力评价指标体系之智库国际影响力：一致性 $CI = 0$。

指标	国际合作交流	国际声誉	成果国际传播与影响	权重
国际合作交流	0.5	0.45	0.5	0.3167
国际声誉	0.55	0.5	0.55	0.3667
成果国际传播与影响	0.5	0.45	0.5	0.3167

推导步骤

计算用矩阵 $A = (a_{ij})_{3\times3}$:

$$\begin{bmatrix} 0.5 & 0.45 & 0.5 \\ 0.55 & 0.5 & 0.55 \\ 0.5 & 0.45 & 0.5 \end{bmatrix}$$

矩阵维度 n：

$n = 3$

根据矩阵 A 按行求和的向量 $A1$：

$A1^T = (a_i)_{3\times1} = 1.45 \quad 1.6 \quad 1.45$

计算各因素的权重值 WI：

$\alpha = (n-1)/2 = (3-1)/2 = 1$

$$w_i = \frac{1}{n} - \frac{1}{2\alpha} + \frac{a_i}{n\alpha}$$

$WI^T = (w_i)_{3\times1} = 0.3167 \quad 0.3667 \quad 0.3167$

构建权重矩阵 W：

$w_{ij} = \alpha(w_i - w_j) + 0.5$

$$\begin{bmatrix} 0.5 & 0.45 & 0.5 \\ 0.55 & 0.5 & 0.55 \\ 0.5 & 0.45 & 0.5 \end{bmatrix}$$

一致性 CI：

$$CI(A,W) = \frac{\displaystyle\sum_{i=1}^{n}\sum_{j=1}^{n} |w_{ij} - a_{ij}|}{n^2} = 0$$

中间层权重表

节点	全局权重	同级权重
智库品牌吸引力	0.17	0.17
智库管理与资源配置	0.13	0.13
智库综合影响力	0.21	0.21
智库成果与可持续发展	0.19	0.19
智库活动与媒体传播力	0.19	0.19
智库国际影响力	0.11	0.11

7. 群决策数据（10 位专家整体结果）

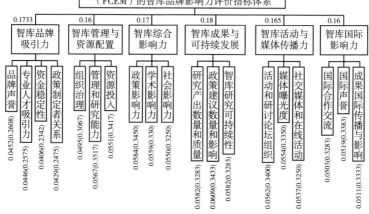

群决策底层结论（权重）表

底层元素	结论值（全局权重）	同级权重	上级
品牌声誉	0.0452	0.2608	
专业人才吸引力	0.0446	0.2575	智库品牌吸引力
资金稳定性	0.0406	0.2342	
政策制定者关系	0.0429	0.2475	
组织治理	0.0495	0.3067	
管理和研究能力	0.0567	0.3517	智库管理与资源配置
资源投入	0.0551	0.3417	
政策影响力	0.0584	0.3450	
学术影响力	0.0559	0.3300	智库综合影响力
社会影响力	0.0550	0.3250	
研究产出数量和质量	0.0582	0.3283	
政策建议数量和影响	0.0609	0.3433	智库成果与可持续发展
智库研究可持续性	0.0582	0.3283	
活动和研讨论坛组织	0.0562	0.3400	
媒体曝光度	0.0554	0.3350	智库活动与媒体传播力
社交媒体和在线活动	0.0537	0.3250	
国际合作交流	0.0503	0.3283	
国际声誉	0.0519	0.3383	智库国际影响力
成果国际传播与影响	0.0511	0.3333	

原始权重矩阵：基于模糊层次分析法（FAHP）与模糊综合评价（FCEM）的智库品牌影响力评价指标体系：一致性 $CI = 0$。

指标	智库品牌吸引力	智库管理与资源配置	智库综合影响力	智库成果与可持续发展	智库活动与媒体传播力	智库国际影响力
智库品牌吸引力	0.5	0.53	0.51	0.49	0.52	0.55
智库管理与资源配置	0.47	0.5	0.48	0.46	0.49	0.52
智库综合影响力	0.49	0.52	0.5	0.48	0.51	0.54
智库成果与可持续发展	0.51	0.54	0.52	0.5	0.53	0.56
智库活动与媒体传播力	0.48	0.51	0.49	0.47	0.5	0.53
智库国际影响力	0.45	0.48	0.46	0.44	0.47	0.5

修正后计算用权重矩阵：基于模糊层次分析法（FAHP）与模糊综合评价（FCEM）的智库品牌影响力评价指标体系：一致性 $CI = 0$。

指标	智库品牌吸引力	智库管理与资源配置	智库综合影响力	智库成果与可持续发展	智库活动与媒体传播力	智库国际影响力	权重
智库品牌吸引力	0.5	0.53	0.51	0.49	0.52	0.55	0.1733
智库管理与资源配置	0.47	0.5	0.48	0.46	0.49	0.52	0.1613
智库综合影响力	0.49	0.52	0.5	0.48	0.51	0.54	0.1693
智库成果与可持续发展	0.51	0.54	0.52	0.5	0.53	0.56	0.1773
智库活动与媒体传播力	0.48	0.51	0.49	0.47	0.5	0.53	0.1653
智库国际影响力	0.45	0.48	0.46	0.44	0.47	0.5	0.1533

推导步骤

计算用矩阵 $A = \left(a_{ij} \right)_{6 \times 6}$：

$$\begin{bmatrix} 0.5 & 0.53 & 0.51 & 0.49 & 0.52 & 0.55 \\ 0.47 & 0.5 & 0.48 & 0.46 & 0.49 & 0.52 \\ 0.49 & 0.52 & 0.5 & 0.48 & 0.51 & 0.54 \\ 0.51 & 0.54 & 0.52 & 0.5 & 0.53 & 0.56 \\ 0.48 & 0.51 & 0.49 & 0.47 & 0.5 & 0.53 \\ 0.45 & 0.48 & 0.46 & 0.44 & 0.47 & 0.5 \end{bmatrix}$$

矩阵维度 n：

$n = 6$

根据矩阵 A 按行求和的向量 $A1$：

$A1^T = (a_i)_{6 \times 1} = 3.1 \quad 2.92 \quad 3.04 \quad 3.16 \quad 2.98 \quad 2.8$

计算各因素的权重值 WI：

$\alpha = (n-1)/2 = (6-1)/2 = 2.5$

$$w_i = \frac{1}{n} - \frac{1}{2\alpha} + \frac{a_i}{n\alpha}$$

$WI^T = (w_i)_{6 \times 1} = 0.1733 \quad 0.1613 \quad 0.1693 \quad 0.1773 \quad 0.1653$

0.1533

构建权重矩阵 W：

$$w_{ij} = \alpha(w_i - w_j) + 0.5$$

$$\begin{bmatrix} 0.5 & 0.53 & 0.51 & 0.49 & 0.52 & 0.55 \\ 0.47 & 0.5 & 0.48 & 0.46 & 0.49 & 0.52 \\ 0.49 & 0.52 & 0.5 & 0.48 & 0.51 & 0.54 \\ 0.51 & 0.54 & 0.52 & 0.5 & 0.53 & 0.56 \\ 0.48 & 0.51 & 0.49 & 0.47 & 0.5 & 0.53 \\ 0.45 & 0.48 & 0.46 & 0.44 & 0.47 & 0.5 \end{bmatrix}$$

一致性 CI：

$$CI(A, W) = \frac{\sum_{i=1}^{n} \sum_{j=1}^{n} |w_{ij} - a_{ij}|}{n^2} = 0$$

原始权重矩阵：基于模糊层次分析法（FAHP）与模糊综合评价（FCEM）的智库品牌影响力评价指标体系之智库品牌吸引力：一致性 $CI=0$。

指标	品牌声誉	专业人才吸引力	资金稳定性	政策制定者关系
品牌声誉	0.5	0.505	0.54	0.52
专业人才吸引力	0.495	0.5	0.535	0.515
资金稳定性	0.46	0.465	0.5	0.48
政策制定者关系	0.48	0.485	0.52	0.5

修正后计算用权重矩阵：基于模糊层次分析法（FAHP）与模糊综合评价（FCEM）的智库品牌影响力评价指标体系之智库品牌吸引力：一致性 $CI=0$。

指标	品牌声誉	专业人才吸引力	资金稳定性	政策制定者关系	权重
品牌声誉	0.5	0.505	0.54	0.52	0.2608
专业人才吸引力	0.495	0.5	0.535	0.515	0.2575
资金稳定性	0.46	0.465	0.5	0.48	0.2342
政策制定者关系	0.48	0.485	0.52	0.5	0.2475

推导步骤

计算用矩阵 $A=\left(a_{ij}\right)_{4\times4}$：

$$\begin{bmatrix} 0.5 & 0.505 & 0.54 & 0.52 \\ 0.495 & 0.5 & 0.535 & 0.515 \\ 0.46 & 0.465 & 0.5 & 0.48 \\ 0.48 & 0.485 & 0.52 & 0.5 \end{bmatrix}$$

矩阵维度 n：

$n=4$

根据矩阵 A 按行求和的向量 $A1$：

$$A1^T = (a_i)_{4\times1} = 2.065 \quad 2.045 \quad 1.905 \quad 1.985$$

计算各因素的权重值 WI：

$$\alpha = (n-1)/2 = (4-1)/2 = 1.5$$

$$w_i = \frac{1}{n} - \frac{1}{2\alpha} + \frac{a_i}{n\alpha}$$

$$WI^T = (w_i)_{4\times1} = 0.2608 \quad 0.2575 \quad 0.2342 \quad 0.2475$$

构建权重矩阵 W：

$$w_{ij} = \alpha(w_i - w_j) + 0.5$$

$$\begin{bmatrix} 0.5 & 0.505 & 0.54 & 0.52 \\ 0.495 & 0.5 & 0.535 & 0.515 \\ 0.46 & 0.465 & 0.5 & 0.48 \\ 0.48 & 0.485 & 0.52 & 0.5 \end{bmatrix}$$

一致性 CI：

$$CI(A,W) = \frac{\sum\limits_{i=1}^{n}\sum\limits_{j=1}^{n} |w_{ij} - a_{ij}|}{n^2} = 0$$

原始权重矩阵：基于模糊层次分析法（FAHP）与模糊综合评价（FCEM）的智库品牌影响力评价指标体系之智库管理与资源配置：一致性 $CI = 0$。

指标	组织治理	管理和研究能力	资源投入
组织治理	0.5	0.455	0.465
管理和研究能力	0.545	0.5	0.51
资源投入	0.535	0.49	0.5

修正后计算用权重矩阵：基于模糊层次分析法（FAHP）与模糊综合评价（FCEM）的智库品牌影响力评价指标体系之智库管理与资源配置：一致性 $CI = 0$。

指标	组织治理	管理和研究能力	资源投入	权重
组织治理	0.5	0.455	0.465	0.3067
管理和研究能力	0.545	0.5	0.51	0.3517
资源投入	0.535	0.49	0.5	0.3417

推导步骤

计算用矩阵 $A = (a_{ij})_{3x3}$:

$$\begin{bmatrix} 0.5 & 0.455 & 0.465 \\ 0.545 & 0.5 & 0.51 \\ 0.535 & 0.49 & 0.5 \end{bmatrix}$$

矩阵维度 n:

$n = 3$

根据矩阵 A 按行求和的向量 $A1$:

$A1^T = (a_i)_{3x1} = 1.42 \quad 1.555 \quad 1.525$

计算各因素的权重值 WI:

$\alpha = (n-1)/2 = (3-1)/2 = 1$

$$w_i = \frac{1}{n} - \frac{1}{2\alpha} + \frac{a_i}{n\alpha}$$

$WI^T = (w_i)_{3x1} = 0.3067 \quad 0.3517 \quad 0.3417$

构建权重矩阵 W:

$w_{ij} = \alpha(w_i - w_j) + 0.5$

$$\begin{bmatrix} 0.5 & 0.455 & 0.465 \\ 0.545 & 0.5 & 0.51 \\ 0.535 & 0.49 & 0.5 \end{bmatrix}$$

一致性 CI:

$$CI(A,W) = \frac{\sum_{i=1}^{n}\sum_{j=1}^{n} |w_{ij} - a_{ij}|}{n^2} = 0$$

原始权重矩阵：基于模糊层次分析法（FAHP）与模糊综合评价（FCEM）的智库品牌影响力评价指标体系之智库综合影响力：一致性 $CI=0$。

指标	政策影响力	学术影响力	社会影响力
政策影响力	0.5	0.515	0.52
学术影响力	0.485	0.5	0.505
社会影响力	0.48	0.495	0.5

修正后计算用权重矩阵：基于模糊层次分析法（FAHP）与模糊综合评价（FCEM）的智库品牌影响力评价指标体系之智库综合影响力：一致性 $CI=0$。

指标	政策影响力	学术影响力	社会影响力	权重
政策影响力	0.5	0.515	0.52	0.345
学术影响力	0.485	0.5	0.505	0.33
社会影响力	0.48	0.495	0.5	0.325

推导步骤

计算用矩阵 $A=\left(a_{ij}\right)_{3\times3}$：

$$\begin{bmatrix} 0.5 & 0.515 & 0.52 \\ 0.485 & 0.5 & 0.505 \\ 0.48 & 0.495 & 0.5 \end{bmatrix}$$

矩阵维度 n：

$n=3$

根据矩阵 A 按行求和的向量 $A1$：

$A1^{T}=\left(a_{i}\right)_{3\times1}=1.535 \quad 1.49 \quad 1.475$

计算各因素的权重值 WI：

$\alpha=(n-1)/2=(3-1)/2=1$

$$w_i = \frac{1}{n} - \frac{1}{2\alpha} + \frac{a_i}{n\alpha}$$

$$WI^T = (w_i)_{3\times1} = 0.345 \quad 0.33 \quad 0.325$$

构建权重矩阵 W：

$$w_{ij} = \alpha(w_i - w_j) + 0.5$$

$$\begin{bmatrix} 0.5 & 0.515 & 0.52 \\ 0.485 & 0.5 & 0.505 \\ 0.48 & 0.495 & 0.5 \end{bmatrix}$$

一致性 CI：

$$CI(A,W) = \frac{\sum\limits_{i=1}^{n} \sum\limits_{j=1}^{n} |w_{ij} - a_{ij}|}{n^2} = 0$$

原始权重矩阵：基于模糊层次分析法（FAHP）与模糊综合评价（FCEM）的智库品牌影响力评价指标体系之智库成果与可持续发展：一致性 $CI = 0$。

指标	研究产出数量和质量	政策建议数量和影响	智库研究可持续性
研究产出数量和质量	0.5	0.485	0.5
政策建议数量和影响	0.515	0.5	0.515
智库研究可持续性	0.5	0.485	0.5

修正后计算用权重矩阵：基于模糊层次分析法（FAHP）与模糊综合评价（FCEM）的智库品牌影响力评价指标体系之智库成果与可持续发展：一致性 $CI = 0$。

指标	研究产出数量和质量	政策建议数量和影响	智库研究可持续性	权重
研究产出数量和质量	0.5	0.485	0.5	0.3283
政策建议数量和影响	0.515	0.5	0.515	0.3433
智库研究可持续性	0.5	0.485	0.5	0.3283

推导步骤

计算用矩阵 $A = (a_{ij})_{3 \times 3}$：

$$\begin{bmatrix} 0.5 & 0.485 & 0.5 \\ 0.515 & 0.5 & 0.515 \\ 0.5 & 0.485 & 0.5 \end{bmatrix}$$

矩阵维度 n：

$n = 3$

根据矩阵 A 按行求和的向量 $A1$：

$A1^T = (a_i)_{3 \times 1} = 1.485 \quad 1.53 \quad 1.485$

计算各因素的权重值 WI：

$\alpha = (n-1)/2 = (3-1)/2 = 1$

$$w_i = \frac{1}{n} - \frac{1}{2\alpha} + \frac{a_i}{n\alpha}$$

$WI^T = (w_i)_{3 \times 1} = 0.3283 \quad 0.3433 \quad 0.3283$

构建权重矩阵 W：

$w_{ij} = \alpha(w_i - w_j) + 0.5$

$$\begin{bmatrix} 0.5 & 0.485 & 0.5 \\ 0.515 & 0.5 & 0.515 \\ 0.5 & 0.485 & 0.5 \end{bmatrix}$$

一致性 CI：

$$CI(A, W) = \frac{\sum_{i=1}^{n} \sum_{j=1}^{n} |w_{ij} - a_{ij}|}{n^2} = 0$$

原始权重矩阵：基于模糊层次分析法（FAHP）与模糊综合评价（FCEM）的智库品牌影响力评价指标体系之智库活动与媒体传播力：一致性 $CI = 0$。

指标	活动和研讨论坛组织	媒体曝光度	社交媒体和在线活动
活动和研讨论坛组织	0.5	0.505	0.515
媒体曝光度	0.495	0.5	0.51
社交媒体和在线活动	0.485	0.49	0.5

修正后计算用权重矩阵：基于模糊层次分析法（FAHP）与模糊综合评价（FCEM）的智库品牌影响力评价指标体系之智库活动与媒体传播力：一致性 $CI = 0$。

指标	活动和研讨论坛组织	媒体曝光度	社交媒体和在线活动	权重
活动和研讨论坛组织	0.5	0.505	0.515	0.34
媒体曝光度	0.495	0.5	0.51	0.335
社交媒体和在线活动	0.485	0.49	0.5	0.325

推导步骤

计算用矩阵 $A = (a_{ij})_{3 \times 3}$：

$$\begin{bmatrix} 0.5 & 0.505 & 0.515 \\ 0.495 & 0.5 & 0.51 \\ 0.485 & 0.49 & 0.5 \end{bmatrix}$$

矩阵维度 n：

$n = 3$

根据矩阵 A 按行求和的向量 $A1$：

$A1^T = (a_i)_{3 \times 1} = 1.52 \quad 1.505 \quad 1.475$

计算各因素的权重值 WI：

$\alpha = (n-1)/2 = (3-1)/2 = 1$

$$w_i = \frac{1}{n} - \frac{1}{2\alpha} + \frac{a_i}{n\alpha}$$

$WI^T = (w_i)_{3 \times 1} = 0.34 \quad 0.335 \quad 0.325$

构建权重矩阵 W：

$$w_{ij} = \alpha(w_i - w_j) + 0.5$$

$$\begin{bmatrix} 0.5 & 0.505 & 0.515 \\ 0.495 & 0.5 & 0.51 \\ 0.485 & 0.49 & 0.5 \end{bmatrix}$$

一致性 CI：

$$CI(A, W) = \frac{\sum_{i=1}^{n} \sum_{j=1}^{n} |w_{ij} - a_{ij}|}{n^2} = 0$$

原始权重矩阵：基于模糊层次分析法（FAHP）与模糊综合评价（FCEM）的智库品牌影响力评价指标体系之智库国际影响力：一致性 $CI = 0$。

指标	国际合作交流	国际声誉	成果国际传播与影响
国际合作交流	0.5	0.49	0.495
国际声誉	0.51	0.5	0.505
成果国际传播与影响	0.505	0.495	0.5

修正后计算用权重矩阵：基于模糊层次分析法（FAHP）与模糊综合评价（FCEM）的智库品牌影响力评价指标体系之智库国际影响力：一致性 $CI = 0$。

指标	国际合作交流	国际声誉	成果国际传播与影响	权重
国际合作交流	0.5	0.49	0.495	0.3283
国际声誉	0.51	0.5	0.505	0.3383
成果国际传播与影响	0.505	0.495	0.5	0.3333

推导步骤

计算用矩阵 $A = (a_{ij})_{3 \times 3}$：

$$\begin{bmatrix} 0.5 & 0.49 & 0.495 \\ 0.51 & 0.5 & 0.505 \\ 0.505 & 0.495 & 0.5 \end{bmatrix}$$

矩阵维度 n：

$n = 3$

根据矩阵 A 按行求和的向量 $A1$：

$A1^{T} = (a_i)_{3\times1} = 1.485 \quad 1.515 \quad 1.5$

计算各因素的权重值 WI：

$\alpha = (n-1)/2 = (3-1)/2 = 1$

$$w_i = \frac{1}{n} - \frac{1}{2\alpha} + \frac{a_i}{n\alpha}$$

$WI^{T} = (w_i)_{3\times1} = 0.3283 \quad 0.3383 \quad 0.3333$

构建权重矩阵 W：

$w_{ij} = \alpha(w_i - w_j) + 0.5$

$$\begin{bmatrix} 0.5 & 0.49 & 0.495 \\ 0.51 & 0.5 & 0.505 \\ 0.505 & 0.495 & 0.5 \end{bmatrix}$$

一致性 CI：

$$CI(A,W) = \frac{\sum_{i=1}^{n}\sum_{j=1}^{n} |w_{ij} - a_{ij}|}{n^2} = 0$$

群决策中间层权重表

节点	全局权重	同级权重
智库品牌吸引力	0.1733	0.1733
智库管理与资源配置	0.1613	0.1613
智库综合影响力	0.1693	0.1693
智库成果与可持续发展	0.1773	0.1773
智库活动与媒体传播力	0.1653	0.1653
智库国际影响力	0.1533	0.1533

附录3：基于模糊层次分析法（FAHP）与模糊综合评价（FCEM）的智库品牌影响力评价指标体系评估计算过程

1. 模糊综合评价法概述

模糊综合评价法是一种基于模糊数学的综合评价方法。该综合评价法根据模糊数学的隶属度理论把定性评价转化为定量评价，即用模糊数学对受到多种因素制约的事物或对象做出一个总体的评价。它具有结果清晰、系统性强的特点，能较好地解决模糊的、难以量化的问题，适合各种非确定性问题的解决。自汪培庄教授于20世纪80年代初提出模糊综合评判模型以来，该模型得到迅速发展并被用于各行各业，如航天领域、信息安全领域、软件行业、制造业、电力行业和地理信息系统等。

2. 模糊综合评判的数学模型

模糊综合评判就是应用模糊变换原理对其考虑的事务所作的综合评价。它主要分为两步：第一步先按单个因素进行评判，第二步按所有因素进行综合评判。

2.1 建立评价指标项目：

因素集（U）是以影响评判对象的各种因素（u_i），可表示为：

$$U = \{u_1, u_2, \cdots, u_n\}$$

2.2 建立评价指标权重：

通常情况下，各个因素的重要程度是不一样的。为了反映各因素的重要程度，对各个因素 u_i 应赋予一相应的权数 ω_i，则权重

集 W_i 可表示为：

$$W = (\omega_1, \omega_2, \cdots, \omega_n)$$

2.3 建立评价结论（备择集）：

备择集（V）是以评价者对评判对象可能作出的各种总的评判结果为元素（v_i）组成的集合，即：

$$V = \{v_1, v_2, \cdots, v_m\}$$

2.4 单因素模糊评判：

单因素模糊评判是指首先从因素集 U 中的单个因素出发进行评判，确定出评判对象对选择集中各元素的隶属程度。设评判对象按因素集中第 i 个因素 u_i 进行评判时，对备择集中第 j 个元素 v_j 的隶属程度为 r_{ij}，则按第 i 个因素 u_i 评判的结果可用模糊集合表示为：

$$R_i = \frac{r_{i1}}{v_1} + \frac{r_{i2}}{v_2} + \cdots + \frac{r_{im}}{v_m}$$

式中 R_i 表示单因素评判集，可简单表示为：

$$R_i = (r_{i1}, r_{i2}, \cdots, r_{im})$$

2.5 进行模糊综合评判：

单因素模糊评判反映的只是单个因素对评判对象的影响，而若要对某对象进行准确的评判，还需要根据权重集，综合地考虑各个因素的影响，从而做出准确的评判。因此，当权重集 W 和单因素评判矩阵 R 已知时，即可通过模糊变换来进行综合评判：

$$B = W \cdot R$$

$$= (\omega_1, \omega_2, \cdots, \omega_n) \cdot \begin{bmatrix} r_{11} & r_{12} & \cdots & r_{1m} \\ r_{21} & r_{22} & \cdots & r_{2m} \\ \vdots & \vdots & \vdots & \vdots \\ r_{n1} & r_{n2} & \cdots & r_{nm} \end{bmatrix}$$

$$= b_1, b_2, \cdots, b_m$$

式中 B 为模糊综合评判集；$b_j(j=1,2,\cdots,m)$ 为模糊综合评判指标，其中：

$$b_j = \bigvee_{i=1}^{n} (w_i \wedge r_{ij})$$

2.6 评判指标考核：

取以 b_j 为权数，对各个备择元素 v_j 进行加权平均，即：

$$v = \sum_{j=1}^{m} b_j v_j \div \sum_{j=1}^{m} b_j$$

则 v 即为模糊综合评判的结果。

3. 模糊综合评判计算

3.1 评测指标权重集 W（见下表）：

序号	指标	权重
1	品牌声誉	0.0452
2	专业人才吸引力	0.0446
3	资金稳定性	0.0406
4	政策制定者关系	0.0429
5	组织治理	0.0495
6	管理和研究能力	0.0567
7	资源投入	0.0551
8	政策影响力	0.0584
9	学术影响力	0.0559
10	社会影响力	0.055
11	研究产出数量和质量	0.0582
12	政策建议数量和影响	0.0609
13	智库研究可持续性	0.0582
14	活动和研讨论坛组织	0.0562
15	媒体曝光度	0.0554
16	社交媒体和在线活动	0.0537
17	国际合作交流	0.0503
18	国际声誉	0.0519
19	成果国际传播与影响	0.0511

3.2 评测结论集：

序号	结论	分值
1	优秀	100
2	良好	85
3	中等	70
4	较差	55

3.3 当前模糊算子：

M（·，+）算子：【1 相乘，2 相加】

4. 评测对象：国网能源研究院

单因素指标统计

指标	优秀	良好	中等	较差
品牌声誉	1	3	2	0
专业人才吸引力	2	4	0	0
资金稳定性	4	2	0	0
政策制定者关系	0	6	0	0
组织治理	0	6	0	0
管理和研究能力	2	4	0	0
资源投入	4	2	0	0
政策影响力	0	6	0	0
学术影响力	6	0	0	0
社会影响力	6	0	0	0
研究产出数量和质量	0	6	0	0
政策建议数量和影响	0	6	0	0
智库研究可持续性	6	0	0	0
活动和研讨论坛组织	0	6	0	0
媒体曝光度	6	0	0	0
社交媒体和在线活动	0	6	0	0
国际合作交流	0	6	0	0
国际声誉	0	6	0	0
成果国际传播与影响	0	6	0	0

单因素指标统计权重 _R_【单因素指标统计矩阵的行归 1 化】

指标	优秀	良好	中等	较差
品牌声誉	0.1667	0.5	0.3333	0
专业人才吸引力	0.3333	0.6667	0	0
资金稳定性	0.6667	0.3333	0	0
政策制定者关系	0	1	0	0
组织治理	0	1	0	0
管理和研究能力	0.3333	0.6667	0	0
资源投入	0.6667	0.3333	0	0
政策影响力	0	1	0	0
学术影响力	1	0	0	0
社会影响力	1	0	0	0
研究产出数量和质量	0	1	0	0
政策建议数量和影响	0	1	0	0
智库研究可持续性	1	0	0	0
活动和研讨论坛组织	0	1	0	0
媒体曝光度	1	0	0	0
社交媒体和在线活动	0	1	0	0
国际合作交流	0	1	0	0
国际声誉	0	1	0	0
成果国际传播与影响	0	1	0	0

隶属度矩阵 _B_

结论	隶属度
优秀	0.3297
良好	0.6553
中等	0.0151
较差	0

综合打分：89.7188

推导步骤

备择集 _V_：

［优秀　良好　中等　较差］

备择集分值 VC：

$$[100 \quad 85 \quad 70 \quad 55]$$

评测指标权重向量 W：

0.0452　0.0446　0.0406　0.0429　0.0495　0.0567

0.0551　0.0584　0.0559　0.055　0.0582　0.0609　0.0582

0.0562　0.0554　0.0537　0.0503　0.0519　0.0511

单因素指标统计权重 R：

$$
\begin{bmatrix}
0.1667 & 0.5 & 0.3333 & 0 \\
0.3333 & 0.6667 & 0 & 0 \\
0.6667 & 0.3333 & 0 & 0 \\
0 & 1 & 0 & 0 \\
0 & 1 & 0 & 0 \\
0.3333 & 0.6667 & 0 & 0 \\
0.6667 & 0.3333 & 0 & 0 \\
0 & 1 & 0 & 0 \\
1 & 0 & 0 & 0 \\
1 & 0 & 0 & 0 \\
0 & 1 & 0 & 0 \\
0 & 1 & 0 & 0 \\
1 & 0 & 0 & 0 \\
0 & 1 & 0 & 0 \\
1 & 0 & 0 & 0 \\
0 & 1 & 0 & 0 \\
0 & 1 & 0 & 0 \\
0 & 1 & 0 & 0 \\
0 & 1 & 0 & 0
\end{bmatrix}
$$

模糊综合评判结论 B：

$B = W \cdot R$

$= (0.0452111 \times 0.1667) + (0.0446333 \times 0.3333)$

$\quad + (0.0405889 \times 0.6667) + (0.0429 \times 0) + (0.0494756 \times 0)$

$\quad + (0.0567356 \times 0.3333) + (0.0551222 \times 0.6667)$

$\quad + (0.05842 \times 0) + (0.05588 \times 1) + (0.0550333 \times 1)$

$\quad + (0.0582244 \times 0) + (0.0608844 \times 0) + (0.0582244 \times 1)$

$\quad + (0.0562133 \times 0) + (0.0553867 \times 1) + (0.0537333 \times 0)$

$\quad + (0.0503444 \times 0) + (0.0518778 \times 0) + (0.0511111 \times 0)$

$\quad (0.0452111 \times 0.5) + (0.0446333 \times 0.6667)$

$\quad + (0.0405889 \times 0.3333) + (0.0429 \times 1) + (0.0494756 \times 1)$

$\quad + (0.0567356 \times 0.6667) + (0.0551222 \times 0.3333)$

$\quad + (0.05842 \times 1) + (0.05588 \times 0) + (0.0550333 \times 0)$

$\quad + (0.0582244 \times 1) + (0.0608844 \times 1) + (0.0582244 \times 0)$

$\quad + (0.0562133 \times 1) + (0.0553867 \times 0) + (0.0537333 \times 1)$

$\quad + (0.0503444 \times 1) + (0.0518778 \times 1) + (0.0511111 \times 1)$

$\quad (0.0452111 \times 0.3333) + (0.0446333 \times 0) + (0.0405889 \times 0)$

$\quad + (0.0429 \times 0) + (0.0494756 \times 0) + (0.0567356 \times 0)$

$\quad + (0.0551222 \times 0) + (0.05842 \times 0) + (0.05588 \times 0)$

$\quad + (0.0550333 \times 0) + (0.0582244 \times 0) + (0.0608844 \times 0)$

$\quad + (0.0582244 \times 0) + (0.0562133 \times 0) + (0.0553867 \times 0)$

$\quad + (0.0537333 \times 0) + (0.0503444 \times 0) + (0.0518778 \times 0)$

$\quad + (0.0511111 \times 0)$

$\quad (0.0452111 \times 0) + (0.0446333 \times 0) + (0.0405889 \times 0)$

$\quad + (0.0429 \times 0) + (0.0494756 \times 0) + (0.0567356 \times 0)$

$\quad + (0.0551222 \times 0) + (0.05842 \times 0) + (0.05588 \times 0)$

$\quad + (0.0550333 \times 0) + (0.0582244 \times 0) + (0.0608844 \times 0)$

$\quad + (0.0582244 \times 0) + (0.0562133 \times 0) + (0.0553867 \times 0)$

$$+ (0.0537333 \times 0) + (0.0503444 \times 0) + (0.0518778 \times 0)$$

$$+ (0.0511111 \times 0)$$

$$= [0.3297 \quad 0.6553 \quad 0.0151 \quad 0]$$

模糊综合得分 v：

$$v = B \times VC^T$$

$$= 0.3297 \times 100 + 0.6553 \times 85 + 0.0151 \times 70 + 0 \times 55$$

$$= 89.7188$$

5. 评测对象：中石油经研院

单因素指标统计

指标	优秀	良好	中等	较差
品牌声誉	0	6	0	0
专业人才吸引力	4	2	0	0
资金稳定性	4	2	0	0
政策制定者关系	0	4	2	0
组织治理	1	5	0	0
管理和研究能力	4	2	0	0
资源投入	4	2	0	0
政策影响力	1	5	0	0
学术影响力	2	4	0	0
社会影响力	0	6	0	0
研究产出数量和质量	0	6	0	0
政策建议数量和影响	0	6	0	0
智库研究可持续性	6	0	0	0
活动和研讨论坛组织	6	0	0	0
媒体曝光度	6	0	0	0
社交媒体和在线活动	5	1	0	0
国际合作交流	6	0	0	0
国际声誉	0	6	0	0
成果国际传播与影响	6	0	0	0

单因素指标统计权重 R【单因素指标统计矩阵的行归 1 化】

指标	优秀	良好	中等	较差
品牌声誉	0	1	0	0
专业人才吸引力	0.6667	0.3333	0	0
资金稳定性	0.6667	0.3333	0	0
政策制定者关系	0	0.6667	0.3333	0
组织治理	0.1667	0.8333	0	0
管理和研究能力	0.6667	0.3333	0	0
资源投入	0.6667	0.3333	0	0
政策影响力	0.1667	0.8333	0	0
学术影响力	0.3333	0.6667	0	0
社会影响力	0	1	0	0
研究产出数量和质量	0	1	0	0
政策建议数量和影响	0	1	0	0
智库研究可持续性	1	0	0	0
活动和研讨论坛组织	1	0	0	0
媒体曝光度	1	0	0	0
社交媒体和在线活动	0.8333	0.1667	0	0
国际合作交流	1	0	0	0
国际声誉	0	1	0	0
成果国际传播与影响	1	0	0	0

隶属度矩阵 B

结论	隶属度
优秀	0.4841
良好	0.5016
中等	0.0143
较差	0

综合打分：92.0463

推导步骤

备择集 V：

$$[优秀 \quad 良好 \quad 中等 \quad 较差]$$

备择集分值 VC:

$$[100 \quad 85 \quad 70 \quad 55]$$

评测指标权重向量 W:

0.0452　0.0446　0.0406　0.0429　0.0495　0.0567

0.0551　0.0584　0.0559　0.055　0.0582　0.0609　0.0582

0.0562　0.0554　0.0537　0.0503　0.0519　0.0511

单因素指标统计权重 R:

$$
\begin{bmatrix}
0 & 1 & 0 & 0 \\
0.6667 & 0.3333 & 0 & 0 \\
0.6667 & 0.3333 & 0 & 0 \\
0 & 0.6667 & 0.3333 & 0 \\
0.1667 & 0.8333 & 0 & 0 \\
0.6667 & 0.3333 & 0 & 0 \\
0.6667 & 0.3333 & 0 & 0 \\
0.1667 & 0.8333 & 0 & 0 \\
0.3333 & 0.6667 & 0 & 0 \\
0 & 1 & 0 & 0 \\
0 & 1 & 0 & 0 \\
0 & 1 & 0 & 0 \\
1 & 0 & 0 & 0 \\
1 & 0 & 0 & 0 \\
1 & 0 & 0 & 0 \\
0.8333 & 0.1667 & 0 & 0 \\
1 & 0 & 0 & 0 \\
0 & 1 & 0 & 0 \\
1 & 0 & 0 & 0
\end{bmatrix}
$$

模糊综合评判结论 B：

$B = W \cdot R$

$= (0.0452111 \times 0) + (0.0446333 \times 0.6667)$

$\quad + (0.0405889 \times 0.6667) + (0.0429 \times 0)$

$\quad + (0.0494756 \times 0.1667) + (0.0567356 \times 0.6667)$

$\quad + (0.0551222 \times 0.6667) + (0.05842 \times 0.1667)$

$\quad + (0.05588 \times 0.3333) + (0.0550333 \times 0)$

$\quad + (0.0582244 \times 0) + (0.0608844 \times 0) + (0.0582244 \times 1)$

$\quad + (0.0562133 \times 1) + (0.0553867 \times 1) + (0.0537333 \times 0.8333)$

$\quad + (0.0503444 \times 1) + (0.0518778 \times 0) + (0.0511111 \times 1)$

$\quad (0.0452111 \times 1) + (0.0446333 \times 0.3333)$

$\quad + (0.0405889 \times 0.3333) + (0.0429 \times 0.6667)$

$\quad + (0.0494756 \times 0.8333) + (0.0567356 \times 0.3333)$

$\quad + (0.0551222 \times 0.3333) + (0.05842 \times 0.8333)$

$\quad + (0.05588 \times 0.6667) + (0.0550333 \times 1) + (0.0582244 \times 1)$

$\quad + (0.0608844 \times 1) + (0.0582244 \times 0) + (0.0562133 \times 0)$

$\quad + (0.0553867 \times 0) + (0.0537333 \times 0.1667)$

$\quad + (0.0503444 \times 0) + (0.0518778 \times 1) + (0.0511111 \times 0)$

$\quad (0.0452111 \times 0) + (0.0446333 \times 0) + (0.0405889 \times 0)$

$\quad + (0.0429 \times 0.3333) + (0.0494756 \times 0) + (0.0567356 \times 0)$

$\quad + (0.0551222 \times 0) + (0.05842 \times 0) + (0.05588 \times 0)$

$\quad + (0.0550333 \times 0) + (0.0582244 \times 0) + (0.0608844 \times 0)$

$\quad + (0.0582244 \times 0) + (0.0562133 \times 0) + (0.0553867 \times 0)$

$\quad + (0.0537333 \times 0) + (0.0503444 \times 0) + (0.0518778 \times 0)$

$\quad + (0.0511111 \times 0)$

$\quad (0.0452111 \times 0) + (0.0446333 \times 0) + (0.0405889 \times 0)$

$\quad + (0.0429 \times 0) + (0.0494756 \times 0) + (0.0567356 \times 0)$

$\quad + (0.0551222 \times 0) + (0.05842 \times 0) + (0.05588 \times 0)$

$$+\left(0.0550333\times0\right)+\left(0.0582244\times0\right)+\left(0.0608844\times0\right)$$
$$+\left(0.0582244\times0\right)+\left(0.0562133\times0\right)+\left(0.0553867\times0\right)$$
$$+\left(0.0537333\times0\right)+\left(0.0503444\times0\right)+\left(0.0518778\times0\right)$$
$$+\left(0.0511111\times0\right)$$
$$=\begin{bmatrix}0.4841 & 0.5016 & 0.0143 & 0\end{bmatrix}$$

模糊综合得分 v：

$$v = B \times VC^T$$
$$= 0.4841\times100 + 0.5016\times85 + 0.0143\times70 + 0\times55$$
$$= 92.0463$$

6. 评测对象：南网能源院

单因素指标统计

指标	优秀	良好	中等	较差
品牌声誉	2	2	2	0
专业人才吸引力	0	2	4	0
资金稳定性	0	4	2	0
政策制定者关系	0	4	2	0
组织治理	0	6	0	0
管理和研究能力	0	2	4	0
资源投入	0	0	4	2
政策影响力	0	6	0	0
学术影响力	0	6	0	0
社会影响力	0	6	0	0
研究产出数量和质量	0	0	6	0
政策建议数量和影响	0	0	6	0
智库研究可持续性	0	6	0	0
活动和研讨论坛组织	0	6	0	0
媒体曝光度	0	6	0	0
社交媒体和在线活动	0	0	6	0
国际合作交流	0	0	6	0
国际声誉	0	0	6	0
成果国际传播与影响	0	0	6	0

单因素指标统计权重 R【单因素指标统计矩阵的行归 1 化】

指标	优秀	良好	中等	较差
品牌声誉	0.3333	0.3333	0.3333	0
专业人才吸引力	0	0.3333	0.6667	0
资金稳定性	0	0.6667	0.3333	0
政策制定者关系	0	0.6667	0.3333	0
组织治理	0	1	0	0
管理和研究能力	0	0.3333	0.6667	0
资源投入	0	0	0.6667	0.3333
政策影响力	0	1	0	0
学术影响力	0	1	0	0
社会影响力	0	1	0	0
研究产出数量和质量	0	0	1	0
政策建议数量和影响	0	0	1	0
智库研究可持续性	0	1	0	0
活动和研讨论坛组织	0	1	0	0
媒体曝光度	0	1	0	0
社交媒体和在线活动	0	0	1	0
国际合作交流	0	0	1	0
国际声誉	0	0	1	0
成果国际传播与影响	0	0	1	0

隶属度矩阵 B

结论	隶属度
优秀	0.0151
良好	0.4932
中等	0.4734
较差	0.0184

综合打分：77.5738

推导步骤

备择集 V：

[优秀　良好　中等　较差]

备择集分值 VC：

$$[100 \quad 85 \quad 70 \quad 55]$$

评测指标权重向量 W：

0.0452　0.0446　0.0406　0.0429　0.0495　0.0567

0.0551　0.0584　0.0559　0.055　0.0582　0.0609　0.0582

0.0562　0.0554　0.0537　0.0503　0.0519　0.0511

单因素指标统计权重 R：

$$
\begin{bmatrix}
0.3333 & 0.3333 & 0.3333 & 0 \\
0 & 0.3333 & 0.6667 & 0 \\
0 & 0.6667 & 0.3333 & 0 \\
0 & 0.6667 & 0.3333 & 0 \\
0 & 1 & 0 & 0 \\
0 & 0.3333 & 0.6667 & 0 \\
0 & 0 & 0.6667 & 0.3333 \\
0 & 1 & 0 & 0 \\
0 & 1 & 0 & 0 \\
0 & 1 & 0 & 0 \\
0 & 0 & 1 & 0 \\
0 & 0 & 1 & 0 \\
0 & 1 & 0 & 0 \\
0 & 1 & 0 & 0 \\
0 & 1 & 0 & 0 \\
0 & 0 & 1 & 0 \\
0 & 0 & 1 & 0 \\
0 & 0 & 1 & 0 \\
0 & 0 & 1 & 0
\end{bmatrix}
$$

模糊综合评判结论 B：

$B = W \cdot R$

$= (0.0452111 \times 0.3333) + (0.0446333 \times 0) + (0.0405889 \times 0)$

$\quad + (0.0429 \times 0) + (0.0494756 \times 0) + (0.0567356 \times 0)$

$\quad + (0.0551222 \times 0) + (0.05842 \times 0) + (0.05588 \times 0)$

$\quad + (0.0550333 \times 0) + (0.0582244 \times 0) + (0.0608844 \times 0)$

$\quad + (0.0582244 \times 0) + (0.0562133 \times 0) + (0.0553867 \times 0)$

$\quad + (0.0537333 \times 0) + (0.0503444 \times 0) + (0.0518778 \times 0)$

$\quad + (0.0511111 \times 0)$

$\quad\quad (0.0452111 \times 0.3333) + (0.0446333 \times 0.3333)$

$\quad + (0.0405889 \times 0.6667) + (0.0429 \times 0.6667)$

$\quad + (0.0494756 \times 1) + (0.0567356 \times 0.3333)$

$\quad + (0.0551222 \times 0) + (0.05842 \times 1) + (0.05588 \times 1)$

$\quad + (0.0550333 \times 1) + (0.0582244 \times 0) + (0.0608844 \times 0)$

$\quad + (0.0582244 \times 1) + (0.0562133 \times 1) + (0.0553867 \times 1)$

$\quad + (0.0537333 \times 0) + (0.0503444 \times 0) + (0.0518778 \times 0)$

$\quad + (0.0511111 \times 0)$

$\quad\quad (0.0452111 \times 0.3333) + (0.0446333 \times 0.6667)$

$\quad + (0.0405889 \times 0.3333) + (0.0429 \times 0.3333)$

$\quad + (0.0494756 \times 0) + (0.0567356 \times 0.6667)$

$\quad + (0.0551222 \times 0.6667) + (0.05842 \times 0) + (0.05588 \times 0)$

$\quad + (0.0550333 \times 0) + (0.0582244 \times 1) + (0.0608844 \times 1)$

$\quad + (0.0582244 \times 0) + (0.0562133 \times 0) + (0.0553867 \times 0)$

$\quad + (0.0537333 \times 1) + (0.0503444 \times 1) + (0.0518778 \times 1)$

$\quad + (0.0511111 \times 1)$

$\quad\quad (0.0452111 \times 0) + (0.0446333 \times 0) + (0.0405889 \times 0)$

$\quad + (0.0429 \times 0) + (0.0494756 \times 0) + (0.0567356 \times 0)$

$\quad + (0.0551222 \times 0.3333) + (0.05842 \times 0) + (0.05588 \times 0)$

$$+ (0.0550333 \times 0) + (0.0582244 \times 0)$$

$$+ (0.0582244 \times 0) + (0.0562133 \times 0) + (0.0553867 \times 0)$$

$$+ (0.0537333 \times 0) + (0.0503444 \times 0) + (0.0518778 \times 0)$$

$$+ (0.0511111 \times 0)$$

$$= \begin{bmatrix} 0.0151 & 0.4932 & 0.4734 & 0.0184 \end{bmatrix}$$

模糊综合得分 v：

$$v = B \times VC^T$$

$$= 0.0151 \times 100 + 0.4932 \times 85 + 0.4734 \times 70 + 0.0184 \times 55$$

$$= 77.5738$$

7. 评测对象：电规总院

单因素指标统计

指标	优秀	良好	中等	较差
品牌声誉	0	3	3	0
专业人才吸引力	1	5	0	0
资金稳定性	5	1	0	0
政策制定者关系	2	4	0	0
组织治理	1	5	0	0
管理和研究能力	0	6	0	0
资源投入	0	5	1	0
政策影响力	3	3	0	0
学术影响力	0	0	4	2
社会影响力	0	2	4	0
研究产出数量和质量	0	0	2	4
政策建议数量和影响	1	1	1	3
智库研究可持续性	1	5	0	0
活动和研讨论坛组织	1	2	0	3
媒体曝光度	0	0	0	6
社交媒体和在线活动	0	0	0	6
国际合作交流	0	0	0	6
国际声誉	0	0	6	0
成果国际传播与影响	0	0	0	6

单因素指标统计权重 R【单因素指标统计矩阵的行归 1 化】

指标	优秀	良好	中等	较差
品牌声誉	0	0.5	0.5	0
专业人才吸引力	0.1667	0.8333	0	0
资金稳定性	0.8333	0.1667	0	0
政策制定者关系	0.3333	0.6667	0	0
组织治理	0.1667	0.8333	0	0
管理和研究能力	0	1	0	0
资源投入	0	0.8333	0.1667	0
政策影响力	0.5	0.5	0	0
学术影响力	0	0	0.6667	0.3333
社会影响力	0	0.3333	0.6667	0
研究产出数量和质量	0	0	0.3333	0.6667
政策建议数量和影响	0.1667	0.1667	0.1667	0.5
智库研究可持续性	0.1667	0.8333	0	0
活动和研讨论坛组织	0.1667	0.3333	0	0.5
媒体曝光度	0	0	0	1
社交媒体和在线活动	0	0	0	1
国际合作交流	0	0	0	1
国际声誉	0	0	1	0
成果国际传播与影响	0	0	0	1

隶属度矩阵 B

结论	隶属度
优秀	0.1222
良好	0.364
中等	0.1872
较差	0.3266

综合打分：74.229

推导步骤

备择集 V：

[优秀 良好 中等 较差]

备择集分值 VC：

[100 85 70 55]

评测指标权重向量 W：

0.0452 0.0446 0.0406 0.0429 0.0495 0.0567

0.0551 0.0584 0.0559 0.055 0.0582 0.0609 0.0582

0.0562 0.0554 0.0537 0.0503 0.0519 0.0511

单因素指标统计权重 R：

$$
\begin{bmatrix}
0 & 0.5 & 0.5 & 0 \\
0.1667 & 0.8333 & 0 & 0 \\
0.8333 & 0.1667 & 0 & 0 \\
0.3333 & 0.6667 & 0 & 0 \\
0.1667 & 0.8333 & 0 & 0 \\
0 & 1 & 0 & 0 \\
0 & 0.8333 & 0.1667 & 0 \\
0.5 & 0.5 & 0 & 0 \\
0 & 0 & 0.6667 & 0.3333 \\
0 & 0.3333 & 0.6667 & 0 \\
0 & 0 & 0.3333 & 0.6667 \\
0.1667 & 0.1667 & 0.1667 & 0.5 \\
0.1667 & 0.8333 & 0 & 0 \\
0.1667 & 0.3333 & 0 & 0.5 \\
0 & 0 & 0 & 1 \\
0 & 0 & 0 & 1 \\
0 & 0 & 0 & 1 \\
0 & 0 & 1 & 0 \\
0 & 0 & 0 & 1
\end{bmatrix}
$$

模糊综合评判结论 B：

$B = W \cdot R$

$= (0.0452111 \times 0) + (0.0446333 \times 0.1667) + (0.0405889$

$\times 0.8333) + (0.0429 \times 0.3333) + (0.0494756 \times 0.1667)$

$+ (0.0567356 \times 0) + (0.0551222 \times 0) + (0.05842 \times 0.5)$

$+ (0.05588 \times 0) + (0.0550333 \times 0) + (0.0582244 \times 0)$

$+ (0.0608844 \times 0.1667) + (0.0582244 \times 0.1667)$

$+ (0.0562133 \times 0.1667) + (0.0553867 \times 0)$

$+ (0.0537333 \times 0) + (0.0503444 \times 0) + (0.0518778 \times 0)$

$+ (0.0511111 \times 0)$

$\quad (0.0452111 \times 0.5) + (0.0446333 \times 0.8333)$

$+ (0.0405889 \times 0.1667) + (0.0429 \times 0.6667)$

$+ (0.0494756 \times 0.8333) + (0.0567356 \times 1)$

$+ (0.0551222 \times 0.8333) + (0.05842 \times 0.5)$

$+ (0.05588 \times 0) + (0.0550333 \times 0.3333) + (0.0582244 \times 0)$

$+ (0.0608844 \times 0.1667) + (0.0582244 \times 0.8333)$

$+ (0.0562133 \times 0.3333) + (0.0553867 \times 0)$

$+ (0.0537333 \times 0) + (0.0503444 \times 0) + (0.0518778 \times 0)$

$+ (0.0511111 \times 0)$

$\quad (0.0452111 \times 0.5) + (0.0446333 \times 0) + (0.0405889 \times 0)$

$+ (0.0429 \times 0) + (0.0494756 \times 0) + (0.0567356 \times 0)$

$+ (0.0551222 \times 0.1667) + (0.05842 \times 0) + (0.05588 \times 0.6667)$

$+ (0.0550333 \times 0.6667) + (0.0582244 \times 0.3333)$

$+ (0.0608844 \times 0.1667) + (0.0582244 \times 0)$

$+ (0.0562133 \times 0) + (0.0553867 \times 0) + (0.0537333 \times 0)$

$+ (0.0503444 \times 0) + (0.0518778 \times 1) + (0.0511111 \times 0)$

$\quad (0.0452111 \times 0) + (0.0446333 \times 0) + (0.0405889 \times 0)$

$+ (0.0429 \times 0) + (0.0494756 \times 0) + (0.0567356 \times 0)$

$+ (0.0551222 \times 0) + (0.05842 \times 0) + (0.05588 \times 0.3333)$

$+(0.0550333 \times 0)+(0.0582244 \times 0.6667)$

$+(0.0608844 \times 0.5)+(0.0582244 \times 0)+(0.0562133 \times 0.5)$

$+(0.0553867 \times 1)+(0.0537333 \times 1)+(0.0503444 \times 1)$

$+(0.0518778 \times 0)+(0.0511111 \times 1)$

$=[\begin{matrix}0.1222 & 0.364 & 0.1872 & 0.3266\end{matrix}]$

模糊综合得分 v：

$v = B \times VC^T$

$= 0.1222 \times 100 + 0.364 \times 85 + 0.1872 \times 70 + 0.3266 \times 55$

$= 74.229$

8. 评测对象：水电总院

单因素指标统计

指标	优秀	良好	中等	较差
品牌声誉	0	4	2	0
专业人才吸引力	3	3	0	0
资金稳定性	0	2	4	0
政策制定者关系	0	6	0	0
组织治理	0	6	0	0
管理和研究能力	2	4	0	0
资源投入	0	4	2	0
政策影响力	0	6	0	0
学术影响力	2	4	0	0
社会影响力	0	4	2	0
研究产出数量和质量	0	0	6	0
政策建议数量和影响	0	0	6	0
智库研究可持续性	0	6	0	0
活动和研讨论坛组织	0	0	6	0
媒体曝光度	0	0	6	0
社交媒体和在线活动	0	0	0	6
国际合作交流	0	0	6	0
国际声誉	0	0	6	0
成果国际传播与影响	0	0	6	0

单因素指标统计权重 *R*【单因素指标统计矩阵的行归 1 化】

指标	优秀	良好	中等	较差
品牌声誉	0	0.6667	0.3333	0
专业人才吸引力	0.5	0.5	0	0
资金稳定性	0	0.3333	0.6667	0
政策制定者关系	0	1	0	0
组织治理	0	1	0	0
管理和研究能力	0.3333	0.6667	0	0
资源投入	0	0.6667	0.3333	0
政策影响力	0	1	0	0
学术影响力	0.3333	0.6667	0	0
社会影响力	0	0.6667	0.3333	0
研究产出数量和质量	0	0	1	0
政策建议数量和影响	0	0	1	0
智库研究可持续性	0	1	0	0
活动和研讨论坛组织	0	0	1	0
媒体曝光度	0	0	1	0
社交媒体和在线活动	0	0	0	1
国际合作交流	0	0	1	0
国际声誉	0	0	1	0
成果国际传播与影响	0	0	1	0

隶属度矩阵 *B*

结论	隶属度
优秀	0.0599
良好	0.4235
中等	0.4629
较差	0.0537

综合打分：77.3425

推导步骤

备择集 *V*：

［优秀　良好　中等　较差］

备择集分值 VC：

$$[100 \quad 85 \quad 70 \quad 55]$$

评测指标权重向量 W：

0.0452　0.0446　0.0406　0.0429　0.0495　0.0567

0.0551　0.0584　0.0559　0.055　0.0582　0.0609　0.0582

0.0562　0.0554　0.0537　0.0503　0.0519　0.0511

单因素指标统计权重 R：

$$
\begin{bmatrix}
0 & 0.6667 & 0.3333 & 0 \\
0.5 & 0.5 & 0 & 0 \\
0 & 0.3333 & 0.6667 & 0 \\
0 & 1 & 0 & 0 \\
0 & 1 & 0 & 0 \\
0.3333 & 0.6667 & 0 & 0 \\
0 & 0.6667 & 0.3333 & 0 \\
0 & 1 & 0 & 0 \\
0.3333 & 0.6667 & 0 & 0 \\
0 & 0.6667 & 0.3333 & 0 \\
0 & 0 & 1 & 0 \\
0 & 0 & 1 & 0 \\
0 & 1 & 0 & 0 \\
0 & 0 & 1 & 0 \\
0 & 0 & 1 & 0 \\
0 & 0 & 0 & 1 \\
0 & 0 & 1 & 0 \\
0 & 0 & 1 & 0 \\
0 & 0 & 1 & 0 \\
\end{bmatrix}
$$

模糊综合评判结论 B：

$B = W \cdot R$

$= (0.0452111 \times 0) + (0.0446333 \times 0.5) + (0.0405889 \times 0)$

$+ (0.0429 \times 0) + (0.0494756 \times 0) + (0.0567356 \times 0.3333)$

$+ (0.0551222 \times 0) + (0.05842 \times 0) + (0.05588 \times 0.3333)$

$+ (0.0550333 \times 0) + (0.0582244 \times 0) + (0.0608844 \times 0)$

$+ (0.0582244 \times 0) + (0.0562133 \times 0) + (0.0553867 \times 0)$

$+ (0.0537333 \times 0) + (0.0503444 \times 0) + (0.0518778 \times 0)$

$+ (0.0511111 \times 0)$

$\quad (0.0452111 \times 0.6667) + (0.0446333 \times 0.5)$

$+ (0.0405889 \times 0.3333) + (0.0429 \times 1) + (0.0494756 \times 1)$

$+ (0.0567356 \times 0.6667) + (0.0551222 \times 0.6667)$

$+ (0.05842 \times 1) + (0.05588 \times 0.6667)$

$+ (0.0550333 \times 0.6667) + (0.0582244 \times 0)$

$+ (0.0608844 \times 0) + (0.0582244 \times 1) + (0.0562133 \times 0)$

$+ (0.0553867 \times 0) + (0.0537333 \times 0) + (0.0503444 \times 0)$

$+ (0.0518778 \times 0) + (0.0511111 \times 0)$

$\quad (0.0452111 \times 0.3333) + (0.0446333 \times 0)$

$+ (0.0405889 \times 0.6667) + (0.0429 \times 0) + (0.0494756 \times 0)$

$+ (0.0567356 \times 0) + (0.0551222 \times 0.3333) + (0.05842 \times 0)$

$+ (0.05588 \times 0) + (0.0550333 \times 0.3333) + (0.0582244 \times 1)$

$+ (0.0608844 \times 1) + (0.0582244 \times 0) + (0.0562133 \times 1)$

$+ (0.0553867 \times 1) + (0.0537333 \times 0) + (0.0503444 \times 1)$

$+ (0.0518778 \times 1) + (0.0511111 \times 1)$

$\quad (0.0452111 \times 0) + (0.0446333 \times 0) + (0.0405889 \times 0)$

$+ (0.0429 \times 0) + (0.0494756 \times 0) + (0.0567356 \times 0)$

$+ (0.0551222 \times 0) + (0.05842 \times 0) + (0.05588 \times 0)$

$+ (0.0550333 \times 0) + (0.0582244 \times 0) + (0.0608844 \times 0)$

$$+ (0.0582244 \times 0) + (0.0562133 \times 0) + (0.0553867 \times 0)$$
$$+ (0.0537333 \times 1) + (0.0503444 \times 0) + (0.0518778 \times 0)$$
$$+ (0.0511111 \times 0)$$
$$= \begin{bmatrix} 0.0599 & 0.4235 & 0.4629 & 0.0537 \end{bmatrix}$$

模糊综合得分 v：

$$v = B \times VC^T$$
$$= 0.0599 \times 100 + 0.4235 \times 85 + 0.4629 \times 70 + 0.0537 \times 55$$
$$= 77.3425$$

9. 评测对象：中海油能研院

单因素指标统计

指标	优秀	良好	中等	较差
品牌声誉	2	2	2	0
专业人才吸引力	3	1	2	0
资金稳定性	0	4	2	0
政策制定者关系	0	6	0	0
组织治理	2	4	0	0
管理和研究能力	6	0	0	0
资源投入	0	4	2	0
政策影响力	0	6	0	0
学术影响力	0	6	0	0
社会影响力	0	0	2	4
研究产出数量和质量	0	6	0	0
政策建议数量和影响	0	5	1	0
智库研究可持续性	0	0	6	0
活动和研讨论坛组织	0	6	0	0
媒体曝光度	0	6	0	0
社交媒体和在线活动	0	0	6	0
国际合作交流	0	0	6	0
国际声誉	0	0	6	0
成果国际传播与影响	0	1	5	0

单因素指标统计权重 R【单因素指标统计矩阵的行归 1 化】

指标	优秀	良好	中等	较差
品牌声誉	0.3333	0.3333	0.3333	0
专业人才吸引力	0.5	0.1667	0.3333	0
资金稳定性	0	0.6667	0.3333	0
政策制定者关系	0	1	0	0
组织治理	0.3333	0.6667	0	0
管理和研究能力	1	0	0	0
资源投入	0	0.6667	0.3333	0
政策影响力	0	1	0	0
学术影响力	0	1	0	0
社会影响力	0	0	0.3333	0.6667
研究产出数量和质量	0	1	0	0
政策建议数量和影响	0	0.8333	0.1667	0
智库研究可持续性	0	0	1	0
活动和研讨论坛组织	0	1	0	0
媒体曝光度	0	1	0	0
社交媒体和在线活动	0	0	1	0
国际合作交流	0	0	1	0
国际声誉	0	0	1	0
成果国际传播与影响	0	0.1667	0.8333	0

隶属度矩阵 B

结论	隶属度
优秀	0.1106
良好	0.5056
中等	0.3471
较差	0.0367

综合打分：80.3518

推导步骤

备择集 V：

[优秀　良好　中等　较差]

备择集分值 VC：

$$[100 \quad 85 \quad 70 \quad 55]$$

评测指标权重向量 W：

0.0452　0.0446　0.0406　0.0429　0.0495　0.0567

0.0551　0.0584　0.0559　0.055　0.0582　0.0609　0.0582

0.0562　0.0554　0.0537　0.0503　0.0519　0.0511

单因素指标统计权重 R：

$$
\begin{bmatrix}
0.3333 & 0.3333 & 0.3333 & 0 \\
0.5 & 0.1667 & 0.3333 & 0 \\
0 & 0.6667 & 0.3333 & 0 \\
0 & 1 & 0 & 0 \\
0.3333 & 0.6667 & 0 & 0 \\
1 & 0 & 0 & 0 \\
0 & 0.6667 & 0.3333 & 0 \\
0 & 1 & 0 & 0 \\
0 & 1 & 0 & 0 \\
0 & 0 & 0.3333 & 0.6667 \\
0 & 1 & 0 & 0 \\
0 & 0.8333 & 0.1667 & 0 \\
0 & 0 & 1 & 0 \\
0 & 1 & 0 & 0 \\
0 & 1 & 0 & 0 \\
0 & 0 & 1 & 0 \\
0 & 0 & 1 & 0 \\
0 & 0 & 1 & 0 \\
0 & 0.1667 & 0.8333 & 0
\end{bmatrix}
$$

模糊综合评判结论 B：

$B = W \cdot R$

$= (0.0452111 \times 0.3333) + (0.0446333 \times 0.5) + (0.0405889 \times 0)$

$\quad + (0.0429 \times 0) + (0.0494756 \times 0.3333) + (0.0567356 \times 1)$

$\quad + (0.0551222 \times 0) + (0.05842 \times 0) + (0.05588 \times 0)$

$\quad + (0.0550333 \times 0) + (0.0582244 \times 0) + (0.0608844 \times 0)$

$\quad + (0.0582244 \times 0) + (0.0562133 \times 0) + (0.0553867 \times 0)$

$\quad + (0.0537333 \times 0) + (0.0503444 \times 0) + (0.0518778 \times 0)$

$\quad + (0.0511111 \times 0)$

$\quad (0.0452111 \times 0.3333) + (0.0446333 \times 0.1667)$

$\quad + (0.0405889 \times 0.6667) + (0.0429 \times 1)$

$\quad + (0.0494756 \times 0.6667) + (0.0567356 \times 0)$

$\quad + (0.0551222 \times 0.6667) + (0.05842 \times 1) + (0.05588 \times 1)$

$\quad + (0.0550333 \times 0) + (0.0582244 \times 1) + (0.0608844 \times 0.8333)$

$\quad + (0.0582244 \times 0) + (0.0562133 \times 1) + (0.0553867 \times 1)$

$\quad + (0.0537333 \times 0) + (0.0503444 \times 0) + (0.0518778 \times 0)$

$\quad + (0.0511111 \times 0.1667)$

$\quad (0.0452111 \times 0.3333) + (0.0446333 \times 0.3333)$

$\quad + (0.0405889 \times 0.3333) + (0.0429 \times 0) + (0.0494756 \times 0)$

$\quad + (0.0567356 \times 0) + (0.0551222 \times 0.3333) + (0.05842 \times 0)$

$\quad + (0.05588 \times 0) + (0.0550333 \times 0.3333) + (0.0582244 \times 0)$

$\quad + (0.0608844 \times 0.1667) + (0.0582244 \times 1)$

$\quad + (0.0562133 \times 0) + (0.0553867 \times 0) + (0.0537333 \times 1)$

$\quad + (0.0503444 \times 1) + (0.0518778 \times 1) + (0.0511111 \times 0.8333)$

$\quad (0.0452111 \times 0) + (0.0446333 \times 0) + (0.0405889 \times 0)$

$\quad + (0.0429 \times 0) + (0.0494756 \times 0) + (0.0567356 \times 0)$

$\quad + (0.0551222 \times 0) + (0.05842 \times 0) + (0.05588 \times 0)$

$\quad + (0.0550333 \times 0.6667) + (0.0582244 \times 0)$

$$+ \left(0.0608844 \times 0 \right) + \left(0.0582244 \times 0 \right) + \left(0.0562133 \times 0 \right)$$
$$+ \left(0.0553867 \times 0 \right) + \left(0.0537333 \times 0 \right) + \left(0.0503444 \times 0 \right)$$
$$+ \left(0.0518778 \times 0 \right) + \left(0.0511111 \times 0 \right)$$
$$= \left[\begin{matrix} 0.1106 & 0.5056 & 0.3471 & 0.0367 \end{matrix} \right]$$

模糊综合得分 v：

$$v = B \times VC^T$$
$$= 0.1106 \times 100 + 0.5056 \times 85 + 0.3471 \times 70 + 0.0367 \times 55$$
$$= 80.3518$$

10. 评测对象：中石化经研院

单因素指标统计

指标	优秀	良好	中等	较差
品牌声誉	2	2	2	0
专业人才吸引力	1	1	4	0
资金稳定性	4	2	0	0
政策制定者关系	0	6	0	0
组织治理	0	6	0	0
管理和研究能力	0	4	2	0
资源投入	4	2	0	0
政策影响力	0	6	0	0
学术影响力	6	0	0	0
社会影响力	0	0	4	2
研究产出数量和质量	6	0	0	0
政策建议数量和影响	6	0	0	0
智库研究可持续性	0	6	0	0
活动和研讨论坛组织	0	6	0	0
媒体曝光度	0	6	0	0
社交媒体和在线活动	6	0	0	0
国际合作交流	0	6	0	0
国际声誉	0	6	0	0
成果国际传播与影响	0	6	0	0

单因素指标统计权重 R【单因素指标统计矩阵的行归 1 化】

指标	优秀	良好	中等	较差
品牌声誉	0.3333	0.3333	0.3333	0
专业人才吸引力	0.1667	0.1667	0.6667	0
资金稳定性	0.6667	0.3333	0	0
政策制定者关系	0	1	0	0
组织治理	0	1	0	0
管理和研究能力	0	0.6667	0.3333	0
资源投入	0.6667	0.3333	0	0
政策影响力	0	1	0	0
学术影响力	1	0	0	0
社会影响力	0	0	0.6667	0.3333
研究产出数量和质量	1	0	0	0
政策建议数量和影响	1	0	0	0
智库研究可持续性	0	1	0	0
活动和研讨论坛组织	0	1	0	0
媒体曝光度	0	1	0	0
社交媒体和在线活动	1	0	0	0
国际合作交流	0	1	0	0
国际声誉	0	1	0	0
成果国际传播与影响	0	1	0	0

隶属度矩阵 B

结论	隶属度
优秀	0.315
良好	0.5662
中等	0.1004
较差	0.0183

综合打分：87.6689

推导步骤

备择集 V：

[优秀　良好　中等　较差]

备择集分值 VC：

$$[100 \quad 85 \quad 70 \quad 55]$$

评测指标权重向量 W：

0.0452　0.0446　0.0406　0.0429　0.0495　0.0567

0.0551　0.0584　0.0559　0.055　0.0582　0.0609　0.0582

0.0562　0.0554　0.0537　0.0503　0.0519　0.0511

单因素指标统计权重 R：

$$
\begin{bmatrix}
0.3333 & 0.3333 & 0.3333 & 0 \\
0.1667 & 0.1667 & 0.6667 & 0 \\
0.6667 & 0.3333 & 0 & 0 \\
0 & 1 & 0 & 0 \\
0 & 1 & 0 & 0 \\
0 & 0.6667 & 0.3333 & 0 \\
0.6667 & 0.3333 & 0 & 0 \\
0 & 1 & 0 & 0 \\
1 & 0 & 0 & 0 \\
0 & 0 & 0.6667 & 0.3333 \\
1 & 0 & 0 & 0 \\
1 & 0 & 0 & 0 \\
0 & 1 & 0 & 0 \\
0 & 1 & 0 & 0 \\
0 & 1 & 0 & 0 \\
1 & 0 & 0 & 0 \\
0 & 1 & 0 & 0 \\
0 & 1 & 0 & 0 \\
0 & 1 & 0 & 0
\end{bmatrix}
$$

模糊综合评判结论 B：

$B = W \cdot R$

$= (0.0452111 \times 0.3333) + (0.0446333 \times 0.1667)$

$+ (0.0405889 \times 0.6667) + (0.0429 \times 0) + (0.0494756 \times 0)$

$+ (0.0567356 \times 0) + (0.0551222 \times 0.6667)$

$+ (0.05842 \times 0) + (0.05588 \times 1) + (0.0550333 \times 0)$

$+ (0.0582244 \times 1) + (0.0608844 \times 1) + (0.0582244 \times 0)$

$+ (0.0562133 \times 0) + (0.0553867 \times 0) + (0.0537333 \times 1)$

$+ (0.0503444 \times 0) + (0.0518778 \times 0) + (0.0511111 \times 0)$

$(0.0452111 \times 0.3333) + (0.0446333 \times 0.1667)$

$+ (0.0405889 \times 0.3333) + (0.0429 \times 1) + (0.0494756 \times 1)$

$+ (0.0567356 \times 0.6667) + (0.0551222 \times 0.3333)$

$+ (0.05842 \times 1) + (0.05588 \times 0) + (0.0550333 \times 0)$

$+ (0.0582244 \times 0) + (0.0608844 \times 0) + (0.0582244 \times 1)$

$+ (0.0562133 \times 1) + (0.0553867 \times 1) + (0.0537333 \times 0)$

$+ (0.0503444 \times 1) + (0.0518778 \times 1) + (0.0511111 \times 1)$

$(0.0452111 \times 0.3333) + (0.0446333 \times 0.6667)$

$+ (0.0405889 \times 0) + (0.0429 \times 0) + (0.0494756 \times 0)$

$+ (0.0567356 \times 0.3333) + (0.0551222 \times 0) + (0.05842 \times 0)$

$+ (0.05588 \times 0) + (0.0550333 \times 0.6667) + (0.0582244 \times 0)$

$+ (0.0608844 \times 0) + (0.0582244 \times 0) + (0.0562133 \times 0)$

$+ (0.0553867 \times 0) + (0.0537333 \times 0) + (0.0503444 \times 0)$

$+ (0.0518778 \times 0) + (0.0511111 \times 0)$

$(0.0452111 \times 0) + (0.0446333 \times 0) + (0.0405889 \times 0)$

$+ (0.0429 \times 0) + (0.0494756 \times 0) + (0.0567356 \times 0)$

$+ (0.0551222 \times 0) + (0.05842 \times 0) + (0.05588 \times 0)$

$+ (0.0550333 \times 0.3333) + (0.0582244 \times 0) + (0.0608844 \times 0)$

$+ (0.0582244 \times 0) + (0.0562133 \times 0) + (0.0553867 \times 0)$

$+ (0.0537333 \times 0) + (0.0503444 \times 0) + (0.0518778 \times 0)$

$+ (0.0511111 \times 0)$

$= \begin{bmatrix} 0.315 & 0.5662 & 0.1004 & 0.0183 \end{bmatrix}$

模糊综合得分 v:

$v = B \times VC^T$

$= 0.315 \times 100 + 0.5662 \times 85 + 0.1004 \times 70 + 0.0183 \times 55$

$= 87.6689$